做自己的勇氣

15個「做自己」的挑戰與突破故事

趙祺翔◎編

推薦序

徐鳳美

這是一本可以共振多數人心靈的好書！

所有音樂家在演奏前，為了讓樂器處於最佳狀態，確保演出的最高品質，都會使用音叉進行樂器的調音動作。每個音叉都有一個最基本的「自然頻率（natural frequency）」，當這個自然頻率和外界的振源頻率相近或相等時，就會產生「共振頻率」。

以前閱讀偉人傳記時，總覺得偉人好厲害，但偉人也離我們好遙遠。那些偉人的生命故事，多數人只能用心揣摩想像，無法有感同身受的體會，所以較難產生「共振」（共鳴），也就難以在我們的生命中引起漣漪。本書邀請了十五位作者分享他們的生命故事，每一位分享者就像我們身邊熟悉的朋友，每篇生命故事分享裡，都會有我們彼此的生命經驗在其中，每每讀來，都能讓我們在字裡行間感受到相同的心跳聲，那相應和的心跳聲，產生了難以言喻的「共振」（共鳴）。

這份共振是「接地氣」的，與多數人生活相連結，此書反映了一般人的真實願望及訴求，是那麼踏實實分享平實的生命。沒有高不可攀的大道理，沒有脫離真實生活的情節，不浮誇、不張揚，在真實生活中勇敢做自己！我非常推薦此書給充滿理想、喜歡創新的現代人！因為此書的作者們，用踏實的逐夢過程激勵著我們，用溫暖的故事療癒著我們。這是一本充滿生活溫度的能量書籍，有一份務實不好高騖遠的生命經驗可供我們依循。

生命中最美好的事，就是能「真實做自己」；生命中最可貴的事，就是能「用生命影響生命」。

僅以此序向本書十五位作者致敬！

前言：今天，你做自己了嗎？

人人都有夢想，有不同的個性、嗜好、信仰及價值觀。

人人追求的路也都不同，有人想要變成大富翁，有人想要環遊世界，有人只想要平靜安穩的品味人生。

人人出身自不同的環境，有著不同的際遇，承受不同的悲歡離合。

世界上有幾十億的人，可以說各人有各人的故事，聽到不同的內心召喚，往不同的人生道路邁進。有沒有什麼事是大家共通的，是不分男女、不分種族、不分職業、不分貧富貴賤，人人都想要追求的呢？

我想，這唯一共通的一件事，就是要「做自己」。

做自己簡單嗎？

也許有人會說，這很簡單啊！我們本來就是在做自己啊！每天起床後，我們自己呼吸、自己走路、自己工作，晚上自己躺在床上睡覺。做自己有什麼難？

但仔細想想，你真的可以做好自己嗎？

我們看到許多年輕人覺得自己很酷，在身上刺青、穿著很炫的衣飾、剃著龐克髮型，大聲高喊著：

「我愛怎樣就怎樣！」但是他們這樣就是做自己嗎？他們一味追求流行、追求認同，其實反倒無法做自己。他們不是為自己而活，而是為了別人的眼光而活。他們以為自己很酷，但其實是被「酷」這個概念所綁住；他們以為自己自由自在，但其實生活完全都被別人牽著走。

至於上班族呢？這似乎是最難做自己的族群了。每天上班就是要被老闆盯、被客戶盯；如果已經成家立業了，回家還要被另一半管，甚至被自己的孩子管。上班族，似乎很難做自己，但偏偏社會上大部分的成年人都是上班族。

那麼當大老闆的人呢？他們有錢可以呼風喚雨，有錢可以買到心目中想要的一切，理論上這些人最能夠做自己了。只要誰敢違背、招惹他們，就等著被剔除吧！但是真的是這樣嗎？有錢人就能真正的做自己嗎？我認識許多有錢人，不是被事業綁住，就是被資金流綁住，更多人則是在金錢遊戲中迷失了自我，原本的夢想也早就不知丟到哪裡去了。到頭來，那些有錢人不但做不了自己，反而是離「自己」最遠的人。

所以，到底該如何做自己呢？

這真是個好問題！

我希望透過這本書，可以讓大家一起來思索這個問題。

事實上，當我們每天起床一睜開眼時，就會碰到這個問題。我們是不是為了要「做自己」，因此決定賴床不去上班、上學？這是「做自己」這三個字的本意嗎？當然不是！畢竟我們還是必須工作、學習，必須對這個世界盡我們應盡的義務。

起床之後，更是無時無刻都在面對「做自己」的抉擇。

換裝時，你願意依照自己的喜好品味，打扮自己的風格，還是總是在意別人的看法，逼自己穿不是那麼喜歡、但是很流行的款式，只為了融入群眾呢？

開會時，當你的意見和大家不一樣，而你堅信自己的想法是對的，此時你敢舉手發言，表達反對意見，提出你認為對的看法嗎？

在事業的道路上，當你覺得自己有獨特的見解，但卻和傳統世俗觀念不同時，你敢挑戰自己，讓自己迎向自己的夢想嗎？

生活中，有許多時候我們忘了「做自己」，我們總是在乎別人的看法，總是擔心老闆怎麼想？擔心同事怎麼想？擔心世人怎麼想？卻忘了捫心自問，我們內心中的「自己」又是怎麼想？

「做自己」容易嗎？

仔細想想，做自己還真不容易呢！

本書集結了十五位不同領域的老師，他們用自身的故事，見證不同的「做自己」的挑戰與突破。

我把他們的故事分成了五大篇：

初心篇：找回自己內心原始的夢想，找回初衷，找到自己，再勇敢做自己。

職涯篇：在職場中，面對多元價值，如何不失去自我？勇敢做自己，走出自己的路。

志氣篇：人生要立大志，不該隨波逐流。但這談何容易？立志需要勇氣，他們做到了。

親情篇：做自己的時候，也要兼顧家人。這中間有親情羈絆，也有溫馨支持。

志業篇：什麼是一生追求的目標，除了造就自己，也要讓自己造福更多的人。

也歡迎對這個議題有興趣，願意找回自己、提升自己的人，可以和我們保持聯繫，甚至加入我們的老師群，或者經常參與我們的課程。

人生最重要的事，就是「做自己」。

你今天做自己了嗎？希望本書可以帶給你實用的指引。

目錄
Contents

PART 4 親情篇

PART 5 志業篇

PART 1
初心篇

原來，我的能力一直都在這裡

「當看著《蝙蝠俠》、《X戰警》這類的英雄電影，
總會有種心有戚戚焉的感覺。
曾經我也像那些擁有超能力的異類般，害怕面對自己，
我怕自己會帶給外界太過強大的影響力。
直到有一天，我真正認識自己的價值，
走到陽光下之後，我才發現，一直以來是自己把自己關在黑暗裡。」——許惟翔

二〇一四年十二月，在某所學校的禮堂裡，突然傳來如雷般的掌聲。這是一場演講比賽的決賽，採取類似「TED」的模式，讓每位參賽者針對一個主題，用十八分鐘的時間呈現一個觀念。

當天高手如雲，比賽時大家也各顯本事，人人都發揮一流的口才以及卓越的闡述能力。然而，當活動接近尾聲，倒數第二個演講者上場，他都還沒有講完，所有評審及臺下學生都已經知道，誰會是今天的冠軍。

當十八分鐘的演講結束，對於這位講師充滿感情的演說，全體來賓紛紛起立，以熱情的掌聲表達他們的敬佩。

在評審宣判結果前，他已經贏得提前的喝采。

他，就是身兼小公司老闆以及講師雙重身分的許惟翔。

臺下觀眾掌聲久久不能停歇，但他們絕對想不到，這個讓大家佩服得五體投地的超級表達能力，卻是過往許多年以來，惟翔極力想要隱藏、不敢發揮到極致的一種陰影。

◎是否能力越強，負面影響越重？

惟翔從小就生長在嘉義山邊丘陵的某個農村，身為一個鄉下小孩，惟翔卻有顆非常敏銳且擅於溝通協調的心，他總是可以在很短時間內，抓到事情的重點，似乎天生就是個仲裁好手。因此從學生時代，就經常扮演為朋友們解惑的明師。

他在與人溝通時，可以得到成就感，當他看到原有的問題因他介入而化解，他也感到十分欣慰。然而他心中卻一直有個陰影，害怕因為他的介入而讓事情變得更糟，他真不知道該如何是好。

最早讓他心中出現這樣的憂慮，應該是在中學時代，那些從青澀毛小孩轉型為情竇初開的少男少女，有著許多「少年維特的煩惱」，或者「為賦新辭強說愁」，總之就是失戀、與密友爭吵鬧彆扭……等情事。大家一樣都是孩子，誰又能夠幫誰呢？但偏偏惟翔從那時起，彷彿就有超越年齡的智慧，他懂得如何安慰一個人，懂得如何用一兩句話讓原本憂心忡忡的人感到安心。久而久之，他成為同學口耳相傳的神奇心理治療師，有心事，找惟翔就對了。

初始只想幫助人，到後來惟翔卻發現，有些同學開始喜歡「黏」著他，有女孩子告訴他，這世上只有他懂得她的心事，還有人根本就是一切依賴他，凡事要聽惟翔的建議才肯行動。

於是惟翔開始感到害怕，他自己也只是個少年，何德何能扛得起那麼多人的事，於是他逐漸關閉「服務」，以專心念書為理由，逃開他原本擅長的人際溝通。

畢竟惟翔是天生的溝通好手，所謂「天生麗質難自棄」，中學時課業較重，學生的主要義務還是念書，但到了大學時代就比較自由了，大家都會參與各類社團活動，惟翔的能力在這種環境下再度凸顯了出來。他擔任社團社長，周旋於種種不同的人際圈圈中，每當社團有什麼困難要排除，或是遇到別人解決不了的事，只要惟翔出面就會搞定。由於他如此的高竿，乃至於即便社長規定只能做一任，卸任後仍被熱情的團員挽留一定要當個「精神領袖」，因為只要有惟翔在，就有一股神奇的向心力。

看起來很風光，在學生圈備受肯定的惟翔，似乎走出了少年時代對自己懷疑的陰影。此時忽然有幾個學妹，以崇拜的眼神對著他說：「學長，我覺得你好會說話喔！」

然而惟翔聽到這句話的當下，整顆心卻沉到谷底，還不知情的學妹們仍用嬌滴滴的聲音稱讚著惟翔，殊不知此時的他，內心正響起一個聲音：「是這樣的嗎？原來在大家心目中，我只是個『很會說話』的人，而不是一個『有能力』的人。」

原來，每個人看同一件事的角度不同，想法也會跟著不同。一個人覺得是讚譽的事，對另一個人來說卻可能是質疑。而唯一的解答者，就只有自己。

就這樣，惟翔在表面上雖然是溝通能力一流的優秀社長，在眾人看不到的內心深處卻隱隱淌著血。而這也不是惟翔第一次這樣否定自己。

◎為家族事業憂心忡忡的歲月

惟翔大學念的是企業管理，家中經營了幾個商店事業，身為家族長孫的他，也想要為家中事業盡點心力。然而他一直知道自己的缺點，若以三國時代的人物來比喻的話，他不是曹操或劉備這類的領袖型人物，也非關羽、趙雲等戰將型人物，他也覺得自己並非諸葛亮、周瑜這種擅於運籌帷幄的軍師型人才，他覺得自己比較像魯肅、審配等專長是溝通的說客。經營管理不是他的專長，雖然努力自修，但自認這部分的天分有限，畢業後還是得先去外頭闖蕩一番再回家幫忙。

不幸，就在惟翔退伍入社會那一年，家族有了重大變故。受到全球金融環境的影響，原本身為家鄉知名財主的外公因投資失敗，在很短的時間內兵敗如山倒，資產賠光、公司倒閉，還背負了龐大債務，連帶整個家族的幾個事業也一一瀕危，家人又在此時生病。惟翔從小就被整個家族視為聰明能幹、是整個家族的希望所繫，如今碰到危難，也只得硬著頭皮回去幫忙家業。他開始透過在大學學的管理知識，逐步引進網路行銷等思維，要協助家裡度過難關。

原本的文具批發生意，自從加入了惟翔的參與，結合了社會脈動，主動承接一些專案，並且開了一家小型的公司，製作一些符合年輕人流行的可愛印章等文創風文具。從二〇〇三年開始，十多年來惟翔就一直經營著這家公司。

但自己的本事只有自己最知道。一直以來，惟翔就知道自己對於經營管理就是不擅長，不只不擅長，而且他也沒有興趣。他喜歡與人交流，但他痛恨交際應酬；他喜歡坦誠的協調溝通，但厭惡爾虞我詐的商業伎倆。這樣的他，事業經營得很辛苦，工廠多年來只能勉強供員工溫飽，連身為老闆的他都還得出外接案，才能讓公司有點盈餘。

惟翔接什麼案子呢？原來，從學生時代就愛上攝影的他，對於攝影已經累積到了職業級的能力，因此他初始接一些朋友間的婚攝案，到後來逐漸打出名聲，成了嘉義地區小有名氣的婚禮攝影師。

最讓惟翔高興的，不是他拍的照片受到客戶肯定，而是他參與的每一個專案，好比說一場婚禮，他總是扮演著最佳的協調角色。原本參加那種場合會緊張的雙方家長，總因為惟翔的溝通，化解了緊張，讓整個活動更流暢。

有一次，有位新娘甚至在婚禮結束當晚立刻就寫 Email 感謝惟翔，因為惟翔讓整個婚禮變得精采，因為惟翔，男女雙方的家人變得更加親近。這樣的恩情，那位新娘說什麼也要親自表達他的感謝。新娘在信中提到：「惟翔，請你一定要繼續幫更多人拍照。因為你是個有能力給人幸福、跟把幸福留下來的人。」

當收到這樣的信，讓惟翔深深的感動著，因為他知道自己幫助了人。但他的高興並沒有太久，因為自始至終他還是憂慮著自己沒有經營管理的能力，他擔心家族事業，他擔心未來前途。總之，他什麼都擔心，就是不曾停下來好好想想，他的溝通專長可以為他做點什麼。

◎我不是做生意的料

惟翔是個很希望大家都過得好的人，這也是他擅於溝通的最大原因，就因為他很會替別人著想，所以他可以跳脫自私的角度，以更宏觀的角度看事情。為此，他即便經營得再辛苦，也從不放棄公司，主因不是為了他有什麼把公司擴張的宏偉藍圖，而是他不忍心如果把公司收掉，那靠公司維生的員工該何去何從？但惟翔也不可能改變自己的個性，他清楚知道，若他肯去找廠商巴結應酬，應該可以開拓很多客源吧！然而這實在不是他的個性。

此外，他一直深信一個道理。

做生意的技巧或許很多，但歸根究柢，做生意也是做人做事的一環，
而做人做事的核心精神，就是要真誠。

很少主動跑業務的惟翔，有一次接到一通來自臺中的電話，說要和他見面談合作。這個客戶是主動聯絡的，因此不管再怎麼遠，身為老闆的惟翔也必須親自去一趟。那一次，他從位處嘉義偏遠丘陵的公司，一路開車翻山越嶺，花了兩個多小時去到了臺中。結果和客戶見面前後卻只花了十五分鐘，客戶只叫他拿出型錄來，問了他幾個價格之後，雙方的會談就此結束。

當時惟翔有點生氣，只是詢價這種在電話中就可以談的事，為何要他來回花一整個下午奔忙？不過他氣歸氣，還是有禮貌的跟客戶說再見，然後又花了兩、三小時一路開車回嘉義山上。結果這個客戶後來不但下單了，而且這一合作就超過十年，直到今天，這家公司仍是惟翔的忠實客戶。

當時花了那麼久的時間往返，卻只談了十五分鐘，這件事帶給惟翔的啟示就是所謂的「見面三分情」，正因為他們見了面，所以讓對方做了合作的決定。惟翔不是業務高手，加上見面的時間也不長，所以他並不是靠業務技巧得到這筆生意的，他們合作的真正原因，正是人與人間的真誠信任。

雖然當時惟翔悟到了這個道理，可惜他仍舊沒有將這樣的道理與他最擅長的溝通表達能力做結合。此時的他，仍一心想要加強企業管理能力，希望透過這方面的學習精進，有朝一日可以在事業上有所突破。

為此，他不斷去上相關課程，還去參加一個由世界知名廠商舉辦的創業 Idea 競賽。這是個全國性的競技，得獎的團隊可以接受招待，去海外和大廠見面，還有機會得到資金挹注，讓創業夢想成真。

惟翔先是參加了培訓，取得提案的資格後，正式進入參賽。

他一心想要追逐夢想，但最終他發現：

一個無法肯定自己的人，是無法讓別人肯定你的！

◎從天空跌到谷底

這場競賽不只當時受到國內企業界的矚目，就連海外媒體也有報導。身為當事人的惟翔心中非常激動，但不會怯場。事實上，惟翔向來就有很強的表達能力，他的問題從來就不是「不會講」，而是

「不敢肯定這樣的自己」。

初始，要選出五個創業團隊，方式為「任何有創業想法的人」要提出自己的理念，然後由大家投票選擇加入一個團隊，獲得最多人票選的五個創業想法，就是入圍的五大團隊。

在第一輪投票時，惟翔所提出的「婚禮服務媒合平臺計畫」，沒有獲得多少人青睞，他自己也知道，他的夢想「執行力太弱」，但他真的覺得這個夢想很棒，如果有高手來參與將來一定可以實現。

這個比賽有「敗部復活」的機制，也就是說，原本被淘汰的方案，若提案人有新的想法，可以再次提出供大家參考。於是這回惟翔又站起來發表，他不去想他原本最擔心的那些事，反正再擔心也沒用，他全心全意講述他的夢想，此時他的專長再次被發揮出來，整個人融入他構思的意境中，講到後來大家都陶醉在他的藍圖裡。當他發表完創業計畫後，原本一片安靜，接著突然響起熱烈的掌聲，因為他講得實在太好了，連評審也紛紛點頭。這次經驗，讓他感受最深的是：

當心中真的有信念，且能透過溝通表達讓他人了解與相信，就能找到有同樣使命、信念的夥伴。

就這樣，原本被淘汰的「婚禮服務媒合平臺計畫」，在最終評選獲得第二高票，惟翔也以他的新團隊正式進入全國比賽，來自世界各國的企業家代表和媒體，都用鎂光燈關心著這五雄爭霸。勝出的人將可以一圓創業夢，如果惟翔就是那個勝出的人，那麼他就有資金可以創業，並且可以照顧他家鄉的事業。惟翔真的很想得到勝利。

然而，曾經隱藏起來的問題，若不去面對，問題不會自己解決。有一天，問題仍會跑出來帶給你夢魘！

決賽的前一晚，惟翔又開始自我懷疑了。他忘記了前一天的熱烈掌聲，心中只想著，我能辦得到嗎？我可以讓這個計畫實現嗎？就在這樣的心境下，第二天，他在眾人期待的眼光中登上舞臺，一邊發表意見，一邊感受到自己與臺下眾人的失望。還沒講完，惟翔就知道大勢已去。

臺下那些有氣無力的掌聲，每一聲都像狠狠敲在他的心裡。「惟翔啊！惟翔！原來你終究只是個『魯蛇』啊！」

那充滿熱情的藍圖不見了，現在只剩一些不知所云的陳述。那個原本擁抱夢想、令人感動的惟翔也不見了，變成一個連外人都看得出，他自己都不相信自己的人。事後有人跟他提到，當時他在臺上只專注著怎麼去說服別人，卻忘了去感動別人。也就是說他一直在估算著利潤、經營模式……等，卻忘了事情的初心——那份使命與信念，因此他在臺上表現得非常糟糕。

回到住宿的飯店，惟翔整個癱軟在床上，他的天空變暗了，他看不到未來了，他迷失了，他好想要放棄一切，但此時此刻，他連放棄的力氣都沒有。

他徹底被自我懷疑打敗了。

◎原來，我的演講真的可以打動人心

回家鄉後，他繼續經營著自己的公司，業績仍是這樣時好時壞，有時虧損、有時小小盈餘，可以支付員工薪水，但沒辦法有什麼大獲利。惟翔原本就懷疑自己的經營能力，現在甚至也懷疑起了自己的溝通能力。

在他心境頹喪、有點自暴自棄的時刻，還好身旁有不離不棄的嬌妻，永遠為他加油打氣。認識十多年的她，可說是最懂惟翔的人。當惟翔對自己感到懷疑時，妻子總是鼓勵他：「如果覺得自己有所不足，那就多去上上課，認識新朋友也不錯啊！」

就這樣，惟翔開始留意上課資訊，後來又參加了一些以演講、溝通為主題的社團，終究，在惟翔心中還是對這個領域有興趣。只是過往以來，他總是讓自己進一步又退一步，每當受到肯定，他就又感到內心退縮。在經歷了國際性比賽，從天空跌到谷底後，心態上放下許多，反正已經摔得那麼慘了，也就不再那麼計較得失了。

這可以說是惟翔這輩子第一次讓自己全心全意投入在「與人交流」這件事上。

那次的上課培訓，老師要大家分組闡述一個主題，總是有種隱隱領導魅力的惟翔，毫不意外又被選為組長，也毫無意外的代表他們那組上臺發表演講。

當一組又一組的代表上臺發表時，都得到不同的禮貌掌聲，但當惟翔上臺時，空氣中有種隱隱的變化，因為當惟翔一站上臺，人們從他那種從容但又充滿感情的「氣場」中，感覺到這個演講會很不一樣。果然，他以婚禮攝影為主題，這回少了當時參加創業比賽的壓力，反倒可以用心抒發他的想法。

他開始講述自己為什麼投入婚攝，講到他受到媽媽的影響很深，因為他媽媽非常喜歡幫家人做拍照記錄，但卻讓小時候的惟翔反而討厭拍照，因為他覺得媽媽很煩。直到最疼愛他的祖母過世，在挑選遺照時，找到了媽媽以前幫祖母拍攝的出遊照片。這讓惟翔深深感動，原來攝影不只是記錄，它還是家庭情感的凝結。這也呼應著後來惟翔拍婚攝時，那位新娘說的：「你的照片能把幸福留著，因為是用心拍的照片。」

惟翔邊說邊想起了從前，曾經他自己也是個純真的人，單純的想去幫助別人，但隨著年紀漸長，他卻考慮越來越多的事，乃至於他的日子總是被憂傷所包圍，到後來，他都忘記快樂是什麼了。唯有攝影，讓他想起媽媽的影響與祖母的疼愛，當他參與一場又一場的婚禮，其實也見證到每對戀人最美的時刻。

生命終究會轉變，不一定變好或變壞，
最重要的是妳有沒有守住最真實的自己，
認同心底你自己的形象。

最後，當惟翔結束演講，放下麥克風的那一刻，只卻聽見全場傳來微微的啜泣聲，放眼望去，原來大家都哭了。

這是惟翔第一次發現，原來自己的演講「真的」可以打動人心。

其實從學生時代，他就很會靠說話來安撫人心，來改變氣氛。但過往以來，他總是害怕自己說話太具感染力，害怕自己只會「說」不會「做」。然而，他越是躲避自己的能力，去追求他不那麼擅長的其他種種，就越是讓自己一次又一次的挫折。

何必呢？何必讓自己活得那麼痛苦？

何不真情擁抱自己的能力，就好像此時此刻臺下的人都被你的話所感動，這樣的語言魅力，為何要被隱藏呢？

忽然間，一切豁然開朗。

課程結束後，學員們紛紛過來找他拍照。甚至連活動主持人都被冷落了呢！

但主持人只是笑笑的，當學員都走掉後，主持人同時也是課程講師趙祺翔先生，親切的走過來握他的手，問聲：「你有沒有興趣加入我們的團隊，成為一名講師呢？」

「講師？講師！有何不可？」

就這樣，惟翔經過幾十年的人生摸索，最終還是找回他最熱愛的事情。

人的一生總有迷失，也許要花多年歲月來認可一個原本就存在的夢想，但只要肯追求，終究，你會找到。

終究，你會找回自己。

許惟翔的人生建議

◆ 我的內心總充滿感恩，我感恩我的父母以及祖母，他們真是很棒的人。我也感恩我外公，他雖然生意失敗，晚景比較淒涼，但他曾經奮鬥的人生，還是帶給我很多人生的啟示。不論是學校的同學、工作往來的客戶、入社會認識的每個人，都是會一生的貴人。就因為抱持著這樣的心境，我可以用很真誠的心和每個人溝通交流。

◆ 有人說我的演講有感動力，我想，感動的根源，就是真誠。我衷心的認為，因為父母等長輩的影響，讓我對於這世界充滿感謝與感恩，也很珍惜所發生的各種人事物，因此無論是透過攝影、透過演講，我想傳達的都是一種對於世界的愛。

◆ 對於人生的追尋，我很幸福，雖然經過三十多年的摸索，最終我還是找到了一個喜歡的職業。現在的我一方面快樂的擔任講師，一方面也繼續經營我在嘉義的小小事業。但我也知道，許多人終生都在追尋，卻不一定能夠找到生命的答案。這裡，我想誠摯的告訴各位，請不要給自己過大的壓力，我覺得「追尋」的本身，就是最美的事。你願意關心自己，願意為自己尋求更好的未來，我尊敬每一個如此勇敢「做自己」的人，我要請你們為這樣的自己喝采。我要強調：要能勇敢的接受自己，才能真切的做自己。

◆ 最終，我要說的，人活著這一輩子，重要的不是你得到了多少，而是你留下了多少。作為如何「做自己」的一個建言，這是我的肺腑之言。

卸下無法昂首挺胸的不定時炸彈

「曾經，我不斷逃避，
長達十年以上的時間，我身上綁著一顆不定時炸彈，
走在路上我不敢抬頭挺胸，做任何工作都難免偷偷摸摸，
直到有一天我願意挺身面對問題，我決定勇敢活出自己，
現在，我有種重生為人的感覺，原來這就是海闊天空的境界。」——黃聰濱

成年之後，每個人身上都難免背負著各種責任壓力。有人背負著房貸、有人背負著一家生計、有人背負著公司業績，或者背負著社會加在職銜上的使命感。這些責任有的是所謂甜蜜的負擔，有的是個人的生涯自我期許。能力越強，責任也越大，想要站在優秀的行列之中，就要成為背負較多責任的人。

但有一種壓力，壓得人喘不過氣來。同樣是背負壓力，有一種人，不能像那些身負重任者般頂天立地、容光煥發；相反的，他們總是保持低調，多少帶點自卑，走在任何場合，永遠無法坦然的展現自己。

這種壓力，就是欠債的壓力。

這不是任何心理勵志可以解決的課題，這也不是靠忍辱負重、提高ＥＱ就可以化解的壓力。

面對債務壓力的人，一日不出面解決，一日就背負著沉痾，直到進棺材那一天都不一定能消卻，甚至可能債留子孫。

唯一的解決之道，就是站起來面對，這樣才能勇敢面對往後的人生。

◎那個打腫臉充胖子的闊氣青年

現在的黃聰濱，是個可以影響人心的講師，上他課的人經常被他的真誠所感動。聰濱也經常回饋公益，利用假日時間演講，幫助需要的人找到方向。

他常說，自己最有資格為別人打氣，鼓舞別人活出亮麗的人生；因為他曾經迷失自我，活在陰影裡長達十年以上。

曾經失去，才會對生活中的點點滴滴更加感到珍惜。

當年的他，怎麼了呢？

時間來到二十世紀和二十一世紀之交，那時的聰濱是個剛踏入社會的年輕人。

平心而論，他是個很講義氣、很有人緣，並且賺錢本領也不差的人。正如同他自己所說，當時的他很有自信，不管走到哪裡，都不怕找不到工作。外表體面，業務力也強，才二十出頭，就常有機會月入六位數。

但伴隨高收入而來的，便是花錢如流水。年輕人常有的通病就是太好面子，常為了逞英雄、虛張聲勢，打腫臉充胖子。尤其聰濱一入社會就身在保險業，屬於非常需要交際應酬的產業，常常一通電話，有人說要幫他介紹新朋友，聰濱二話不說，拿著車鑰匙就出門。到頭來，成交的生意沒有多很多，倒是浪費不少時間在喝酒狂歡。有時是ＫＴＶ，有時是ＰＵＢ，為了展現自認為的良好人際關係，聰濱經常大發豪語：「今天我買單啦！」

結果是，薪資還沒來，帳單就先來，薪資已不夠付帳單，還需要借錢。

借錢？跟誰借？不用跟朋友借，銀行就搶著借你。

西元二〇〇〇年，沒有人預警將來會有金融泡沫，每家銀行都搶著要找人辦卡。借錢太簡單了，連不想借錢的人，銀行都會主動拜託請你來借錢。不借白不借，聰濱需要交際應酬，身上當然要有很多卡，反正有卡一切就方便啦！今天請客？沒問題，刷卡就好！明天要唱通宵？沒問題，刷卡就好！

那幾年因為銀行刻意營造的氛圍，把擁有信用卡的人塑造成最懂得人生品味的社會菁英，年輕人之間流行互相比誰的卡多，「你只有六張？太遜了，我有七張耶！」、「某某銀行的卡有很酷的贈品喔！你趕快去辦吧！」

就這樣，一方面經常需要交際應酬表現自己的大方，一方面又有方便的管道，隨手一刷現金就來，聰濱在二十四歲那年，就已經是卡債大戶，背負著幾十萬的卡債。

直到有一天，他發覺每個月領薪水時再也沒有任何期待感，因為領出來的錢光是還債都不夠。繳不完的帳單，讓聰濱的頭上總是有一抹烏雲。

他發現自己很難再快樂起來。

原來，憑藉外界妝點的夢幻花環，到頭來都只是南柯一夢。

凡是不憑實力所獲得的一切，終究不屬於自己，

當夢幻消退、真相浮現，才發現迷失了自我，

而當下，很多事已經難以回頭。

◎媽媽的眼淚

工作越來越沒意思，畢竟每個月辛苦工作，到頭來大部分的進帳都要貢獻給債主，那誰還有衝勁

工作？

不久後，聽濱離開保險業，暫時不找工作，成為在家「休息」的閒人。

他幫自己找了個冠冕堂皇的藉口，認為這只是轉換職場跑道前的「休息後再出發」，但實際上他自己心裡也知道，他背負太多的債務，多到自己實在不敢去想這件事。他選擇把債務放著不管，心想，大不了以後不跟銀行往來，被列為拒絕往來戶也沒什麼關係。

當年很流行的一個社會現象，也給了聽濱一個逃避的世界。

這個社會現象，就是線上遊戲的普及。二〇〇〇年開始，各種線上遊戲如火如荼、蓬勃發展，聽濱很快的就讓自己沉淪在遊戲裡。在遊戲世界中，他依然是王，他依然是光鮮亮麗的英雄；在遊戲裡，他找到了努力的目標，只要肯花時間、肯付出，他可以推倒更多王怪，提升更高等級，這些高等級及網友羨慕的言論，變成他的成就感所在。

就這樣，背著龐大卡債的聽濱，不但從職場逃避，甚至還從現實生活中逃避。他不敢面對銀行的催繳，他甚至不敢面對日常生活中眾人的眼光。

聽濱已經迷失了，但他連有沒有迷失這件事都不願去想，每天沉淪在電玩裡。

直到一件事打醒了他。

一天中午媽媽進房來，問他要不要吃飯？那時聽濱邊玩線上遊戲，邊回頭虛應一番，媽媽在走出房間前，忍不住說一聲：「你都不去找工作喔？」

一向孝順的聰濱，當時竟講了一句話，日後每每想起，他還很懊悔自己當時的不孝。他說：「我覺得我很不錯了耶！如果是別人像我這樣欠那麼多錢，可能早就自殺了吧！而我還好好的。」

媽媽聽完愣了一下，沒多說什麼就掩上房門出去了。

其實當下聰濱就發覺自己講錯話了，他很懊惱自己怎麼跟最親愛的媽媽這樣說話。但話已出口，原本就處在半自暴自棄狀態的他，也只有繼續在電玩世界裡尋找安慰了。

到了晚上，爸爸出面了。

聰濱的家人一向尊重彼此的生活，爸爸把三個兒子都當成成熟的大人，不要求孩子念書成績要有多好，他只強調做人做事要對得起社會。

這一天，爸爸平心靜氣請聰濱坐下來聊聊，倒了啤酒兩人談心。爸爸平和的問：「你最近怎麼了？記得我們的家訓嗎？做什麼要像什麼，你現在把自己搞成什麼樣子了？還讓媽媽因為你哭了一下午，你忍心讓媽媽那麼難過嗎？」

當下聰濱並沒有說什麼，但當他一回到房間，他立刻哭紅雙眼。

「我到底怎麼了？我那麼愛我媽媽，我為何做出這樣的事？」聰濱自責的問自己。

他哭了一晚，並且關掉了線上遊戲的帳號。

聽濱決定，認真去找工作。

◎阻礙前進的不定時炸彈

黃家有兩條家訓，黃爸爸經常掛在嘴邊，三個孩子都知道。

第一條：做什麼像什麼。

第二條：你可以不會讀書，但將來一定要做對社會有用的人，不能做米蟲。

聽濱開始去外面找工作。

他是一個器宇軒昂的男子，講話談吐也都很得體、討人歡心，因此聽濱從不煩惱找不找得到工作。

然而，問題不在他找不找到工作，而是他能否長期待在同一個工作？

答案是否定的，不是因為聽濱的工作態度有問題，而是他背負著一顆不定時炸彈。

每當工作開始順手，聽濱也憑著自己的實力，逐漸在業務上跑出成績，受到主管肯定時，炸彈就出現了。

每年二、三月準備報稅，扣繳憑單寄出的季節，催繳電話就跟著來了。

「黃先生，你現在有在賺錢了，欠的債也該繳一繳了吧！」

不只聰濱自己接到電話，催款電話也會直接打去公司。前一天還是前途光明的年輕人，瞬間，英雄被打成狗熊。原本的升官加給暫緩了，同事友善的眼光變疏離了，公司不一定會要他走，但擺明了開始不信任他。畢竟，一個連自己的財務都管不好的人，誰敢把公司的錢交給他？公司的財務不能碰，業務相關的收款也不能再經手，簡言之，他的信用被打上大大的「Question Mark」，在公司的前景也變得黯淡無光。

每當這個時候，聰濱自己知道多說無益，多留也不會有未來，只好選擇離開。就這樣，同樣的故事一再重演，只要銀行卡債這顆不定時炸彈仍背在身上，他就永遠抬不起頭來，在他想要出人頭地的路上，永遠有一堵名為債主的大山擋在那裡。

進無可進，聰濱只得不斷進場又退場，再次進場再次退場。

終於，聰濱受夠了這樣沒有未來的工作模式，他心想：「如果無法擔任正常的上班族，那我自己跑生意，靠現金收支總該可以了吧？」

聽濱沒有像之前一樣逃進線上遊戲的世界裡，他這輩子再也不願意傷爸媽的心。但可惜，他也沒有選擇勇敢面對。

他仍努力工作，只不過對於債務，他還是選擇逃避。

以個人工作的形式，聽濱開始了他的擺攤歲月。

◎做小生意的那段歲月

如果可以不必再管銀行的帳單，自己做做小生意，現金自己保管，只要不理會銀行催繳電話，日子應該也可以過得很自適。

是這樣嗎？一開始的確情況還不錯。

黃家本來就是做生意的，家族對進貨、批貨很有經驗。這年聽濱就跟哥哥、弟弟商量，大家來批貨到市場擺攤做生意。

所謂一勤天下無難事。那些年，黃家兄弟就這樣開始全省跑，從早市、夜市到黃昏市場，從百貨公司、大賣場到各種展覽場、園遊會等場合都跑，反正只要人潮在哪裡，他們的攤位就擺到哪裡。

至於銷售的東西不一定，品項常常更換。其中做最久的是黑糖桂圓薑母茶磚，外面賣比較多的是工廠包裝好一小塊一小塊的，黃家則堅持賣手工原磚，當場菜刀切塊做為純黑糖的保證。這個生意直到現在都還在做，哥哥長期在鹿港擺攤，弟弟的據點則在內灣。

但對於聰濱來說，這個生意多少還是有種不得不為的無奈。以聰濱的業務專長及人際特質，他其實更擅長在商場上穿針引線，以及專業拜訪服務的工作。擺攤的性質是在固定地點被動等著客人上門，這對聰濱來說，其實是擺錯位置的選擇。

當一個人不敢面對問題，選擇逃避，
那麼他的人生曲線，注定只能不斷輪迴、人海浮沉，打了解不開的死結。

擺攤生意受大環境影響很大，聰濱的黑糖桂圓薑母茶磚銷售自然也大打折扣。而銷售的品項也很重要，但選擇什麼品項卻往往難以預估，聰濱曾經賣過靜電拖把、蜂蜜醋、省電器等，這些品項都沒有什麼共通點。他曾經碰過大熱銷，五天內就賺了三、四十萬，也曾經東西擺出來門可羅雀，嚴重虧損。

有時賺，有時賠。日子就這樣過下去，沒法賺大錢，但換得生活溫飽沒問題。時間久了，抓到幾個固定品項，也可以比較輕鬆的守著攤位賺取生計。

然而即便如此，生意也越來越難做了。可能是大環境真的越來越不景氣，從前只要一個月八個周休假日去觀光勝地擺攤，賺的錢不但夠生活，還有餘裕可以多休息幾天。但是到了後來，平日也要經常跑早市、夜市，才能賺得了跟原本差不多的錢，聽濱覺得這份工作越做越疲累。

當時聽濱即將結婚，但為了擺攤，小倆口經常見不到面。曾經最誇張的一次，整個冬天三個月，聽濱只能用電話和未婚妻聯絡，彼此碰不在一起。聽濱平日跑夜市時，下午就得出門；而未婚妻是一般的上班族，當她下班後，聽濱已經不知道又在哪個地方擺攤工作了。而當他清晨收拾好回家後，未婚妻都已經入睡了。至於假日，聽濱則是固定在觀光點擺攤，實在沒有機會碰面約會。

有一回，聽濱在市場擺攤時，為了招攬生意，聽濱一邊大聲拍手，一邊大聲叫喊邀請客人來試喝黑糖桂圓薑母茶。正當一位客人走過來要接下聽濱手上的試飲杯時，一個婦人忽然衝了過來，劈頭就飆國罵：「拍什麼手啊？我最討厭人家拍手了！※＃＊＠」

聽濱當下不只覺得那個婦人莫名其妙，甚至覺得自己的人生到底怎麼了，為什麼要在這邊遭受這種汙辱？面臨種種的困境，這成了讓聽濱決定收起攤位再去找工作的關鍵。

另一個原因是聽濱即將結婚了，他不願意婚後還要過著夫妻倆聚少離多的日子。因此聽濱決定，回去做自己熟悉擅長的工作，就算被銀行討債也沒關係。

◎不定時炸彈，拆除

聽濱選擇了重回職場，做他最熟悉的業務工作。

但當時他只是有勇氣再次尋覓自己想要的跑道，卻仍不敢面對他背負的那顆不定時炸彈。

還好，聽濱遇到了貴人。

如同聽濱自己所說，改變他命運的貴人有很多，但他最要感謝的四個人，是爸爸、媽媽、妻子，以及當年給他機會的ＣＥＯ。

重回職場的聽濱，投入的是建材業，二〇一一年時，他進到一家知名的建材公司擔任臺北分公司的業務人員。

那年在臺中公司的ＣＥＯ，招攬聽濱進入公司，並讓他加入臺北公司業務部的團隊。隔年，聽濱的不定時炸彈又爆發了，這位ＣＥＯ沒有因此將聽濱排除在外，相反的，他鼓勵聽濱面對並解決這個問題。

於是，欠債躲藏了超過十年，這一年聽濱終於勇敢面對，主動聯絡銀行，當時他的債務利滾利下已經突破一百一十萬了，負債整整超過借款的兩倍，這就是當年選擇逃避的下場。

公司表示願意協助聽濱償還債務，由公司代墊一半的錢，之後再分期償還，另一半則由聽濱自籌。

有了公司願意做後援，還有同事願意協助跟債權銀行協商，好不容易讓債務由一百一十萬殺到七十二萬。但即使這樣，他仍無力償還。公司雖願意代墊一半三十六萬，但另一半費用也高達三十六萬，這個金額仍舊讓聽濱備感壓力。

不過他心想，既然公司都願意幫忙了，若因此功虧一簣，又將跌回每天背著不定時炸彈的歲月。於是聽濱卯足全力繼續溝通，他跟公司說，再給兩天的時間協商，他一定要爭取降低金額。

聽濱想要改變他的人生，他將這件事做為當時最高的目標。他持續溝通，要求更好的繳款條件，不過其中有一家銀行態度很硬，就是不肯降價。聽濱不斷強調，這是千載難逢的機會，有公司願意挺他，協助他走出陰影，但這家銀行說不降就不降，就是這個條件，其餘免談。

聽濱當時開著車子，把車停在產業道路旁邊，他講話講到幾乎聲嘶力竭，不斷的拜託再拜託：「我是真的有誠意，我是真的願意面對問題，我是真的想要走出我的人生，不再躲躲藏藏。」

講到後來，濱聽已經泣不成聲。當下，銀行方察覺聽濱是「來真的」，於是對方終於點頭，同意調降欠款金額。

最終，聽濱用誠意取得銀行同意，讓總欠款降為五十六萬，公司願意協助三十萬，聽濱自己籌措二十六萬。

但是這二十六萬怎麼來的呢？原來當年有一個女孩，在聽濱還在保險公司服務時就認識了。那年聽濱告訴女孩，只要每年固定存一筆錢，將來就可以變成一筆財富。女孩相信了聽濱的話，真的從她微薄的薪資中，固定撥一筆款拿去存。十年後，這筆錢還真的派上用場。

這個女孩後來是聽濱的老婆，而這筆錢也幫聽濱墊了二十六萬的大部分。緣分讓以前種下的因，結出美麗的果。

不定時炸彈解除了，聽濱重獲新生，可以再次抬頭挺胸，站在人群裡。

今天的聽濱，常告訴許多迷惘的朋友，他跌倒再站起來的故事，藉由校園分享，鼓勵年輕學子找到方向；或透過專業職人公益講座，幫助中高年齡可能工作有風險的朋友如何調適、不喪志，找出自己的路。

聽濱也一直花時間協助「臺灣癌症基金會」的抗癌鬥士，更動人的表達生命中難免超出負荷的重量，傳達給健康的警惕，或已經深陷其中的病友鼓勵；甚或陪伴「仁友愛心家園」的憨兒，一起學習一起歡樂。

用愛回饋的影子，在聽濱的身上彰顯無遺。

他總是心存感恩。每次講到老婆無私跟著欠債的他，到最後還出錢幫他解決債務，他就眼眶泛紅。他還要感謝爸爸和媽媽。親愛的黃爸爸已於二〇一六年五月底離世，但他留下的家訓，聰濱謹記在心，他要做個對社會有用的人。

勇敢面對自己的他，正不斷開拓新的未來。

黃聰濱的人生建議

◆ 人生難免碰到問題，可能是工作上的瓶頸，可能是人際關係不好，或者像我一樣，碰到債信問題。這些問題，若你不去處理，它不可能自己消失，還可能像滾雪球一樣，越滾越大。選擇面對吧！一味的躲避，到頭來問題只會越來越嚴重。

◆ 定位自己的北極星，北極星總是指引著北方的方向。爸媽在我人生的教育上，不曾給我課業上的壓力，但他們給我人生很好的指引。我感恩我的爸媽，在我人生最迷惘的時候，適時把我拉了出來。當我遇到困難時，只要想到我的妻子、女兒，就會讓我義無反顧的披荊斬棘，面對挑戰，不再選擇逃避。

父母與妻女都是我心中最重要的北極星，建議所有的朋友，定位出自己的北極星。

◆ 珍惜自己的家人。人生出狀況時，不見得身邊所有人都能體諒接受，只有自己親密的家人才會無私的支持你。我很珍惜我的家人，任何的工作選擇，若會破壞我和家人的緊密，那我會選擇放棄。

現在我也經營一個網路廣播電臺節目，名稱源自我的女兒。她名字中有個「潞」字，我節目名稱就叫「潞 Talk 社」，這是來自我老婆的創意。

「潞 Talk 社」談我跟女兒潞潞的互動對話、成長故事，甚或一起面對的人生體驗，告訴更多朋友一些價值觀與有用的做法。每個人都要珍惜身邊對自己好的人，尤其是家人。

◆ 我很開心能參加「益師益友」講師社團，認識了趙祺翔這樣的好老師。我們很認真的學習如何讓演說更精練，也用心學習怎樣幫助更多人。我們會犧牲假日，齊聚一堂做各種演練，我們甚至會選擇公共場合做公開演說的練習，一切的練習，都是無酬自願的，不過我樂在其中。

因為當我選擇面對，我勇敢走出自己。陽光下的我，珍惜這樣的新生。原來，可以坦然的做自己，是那麼美好的一件事。

走出虛擬的迷惘，創造真正的價值

「那一天，我不斷開導著原本想自殺的婦人，
告訴她人生還有各種可能。
雖然她失婚，落魄的被夫家從日本趕回臺灣，
同時她不懂電腦，連上網都不太會，人生看起來無望，
但我告訴她，其實她懂日文，可以朝這方面嘗試，總有新的可能。
說到後來，我才發現，
一邊在說服她的同時，我其實也正在說服我自己。」——廖宇潔

人生中有沒有一種時候，是覺得自己再怎麼努力都無濟於事？有沒有一種強大的無力感，覺得一些事件已成既定事實，照亮未來的路燈已經全部熄滅，既然看起來再怎麼努力都改變不了，還不如現在就放棄自己？

許多時候，一個人覺得自己空有一身本事，但這是個群體社會，大環境可以限制住你，某個人的決定也可能阻擋你，總之，當命運發給你一副很爛的牌時，即使你的能力再強，也注定前途黯淡。

如果一直往這個方向想，就會覺得很多人會自殺也不是沒有道理的。絕對的無助，只好用絕對的棄守來回應。

但，真的是這樣嗎？大環境的限定，就一定會阻斷自己發展的道路嗎？

也許，只要轉個彎，柳岸花明又一村。

是不是再試試看呢？

◎那個覺得世界不公平的女孩

宇潔是個念書成績不突出的孩子，在班上名次總是徘徊在十幾、二十名之間。她的優點是乖巧安靜，是個單純愛畫畫的女孩，不惹是生非，也很少鬧情緒。這樣的孩子，家長應該很喜歡，只可惜，宇潔上頭有個很優秀的姊姊，姊姊是有前途的好學生，有了對比，自己就相對的比較「不長進」。

也許她真的個性太單純了，念書學習沒那麼快，反應敏捷度也沒那麼高，很多時候別人說什麼，她就以為對方真的就是那個意思。可是後來才發現原來那些只是客套話、場面話，宇潔往往覺得很受傷。長大成人後，她還是如此，她總是以真誠待人，但對方為何總要那麼複雜，這讓她一次又一次對人性感到失望。

從小她就有這樣的負面經驗。孩童時代，宇潔雖然乖巧，但小孩子總難免愛玩鬧，偶爾惹爸媽生氣，然後就會被處罰，關在門外不讓她進門。這時候宇潔就會陷入全然的無助，然後不斷的敲門哭喊著：「讓我進去！讓我進去！」

有一次，她跟著姊姊一起調皮，之後姊姊和她都被處罰關到門外。她卻發現，姊姊不像她這樣哭鬧，反而跟她說：「那我們就去別的地方玩吧！」於是兩個小女孩穿著睡衣在住家樓上、樓下到處「串門子」，按電鈴去不同的叔叔、阿姨家玩。直到後來爸媽氣急敗壞找到她們，拎回家後，要她們罰跪，還拿棍子修理她們。這時候，宇潔內心就有著強大的不解：「為什麼要打我？明明是你們趕我們出門，所以我們就去鄰居家逛。為何照你們意思做，後來要打我？」

童年的疑惑，到長大後，依然時時迴盪在她心中：

為何當我本分的做好我的工作，這世界卻這樣回應我？

為何當我遵守遊戲規則，卻總有人破壞規則把好處搶走？

不公平，似乎是這世界的常態，重點是，你要如何面對這種不公平。

內心充滿疑惑的宇潔，腦子經常轉不過來，爸媽對她也經常搖頭。所幸，家中還有個會念書的姊姊，她轉移了爸媽的焦點，讓爸媽把對下一代的期望都寄託在姊姊身上；相對的，也較少給宇潔壓力。曾經，宇潔覺得爸媽偏心，都對姊姊比較好，但長大後回過頭來，她反倒很感恩，當年由於爸媽相對比較放任她，因此造就了如今擁有專業技能的宇潔。

小時候宇潔就愛畫畫，她曾經跟媽媽說，她的志願是開一家漫畫店，媽媽聽了很不高興的說：「難道我養妳就為了讓妳畫漫畫？」當時還臭罵她一頓。但宇潔後來還是朝這方向走，反正功課就不好，爸媽也沒期望她考上什麼好學校，她如願去念了復興商工，也在那習得了終生技能，她變成一個設計高手。

一直到今天，這個技能都是宇潔在社會生存、可以讓她無後顧之憂的本事。

◎悠游於遊戲產業

小時候的宇潔，其實是很安靜、愛看書、沒那麼愛玩遊戲的人。但沒想到她後來竟成為一個遊戲迷，甚至變成遊戲「專家」，乃至於還以教授遊戲為業。當然，那是後話了。

初始，遊戲只是宇潔一個學以致用的場域，後來又變成是一種當在現實生活中受傷時，可以逃進去的「虛擬世界」。

早期的電腦遊戲主要是單機版，到了宇潔畢業進入社會的時候，「Online Game」已經逐步成為主流。在校時，學生們就已經知道，光會在平面上畫圖已經不符時代潮流，大家都開始去補習電腦，學習各種電腦繪圖軟體，宇潔也不例外，她在那也認識了影響她一生的老師。那個老師一方面教課，一方面自己創業開電腦公司。老師邀請宇潔到他公司上班，於是宇潔就這樣一腳踏入遊戲產業，到今天都仍是遊戲界的菁英。

人生就是這樣，經常一件事只是契機，
在當下覺得可能沒什麼，後來發現那件事影響一生，
有句話說得好，凡事都有最好的發展。
應做如是觀。

十八歲的宇潔，進入老師的公司後，一開始擔任平面美編，然而實際工作後，她才發現其實自己並不那麼愛平面設計的東西，她比較喜歡的是動畫類的領域。

恰巧老師的公司經營不是很成功，沒過多久就結束營業，宇潔也就順勢離開平面媒體的工作，開始應徵她更有興趣的設計項目。由於當年遊戲產業正在發展蓬勃，非常需要設計人才，宇潔很快就找到了不錯的工作。

她進入當年臺灣排名前五大的遊戲集團之一，在該集團底下附屬的一個設計工作室服務。不過那家工作室由於老闆擴增資金太快，公司由十人急速擴張變成一百多人，尾大不掉加上獲利趕不上還債，最後老闆跑路，員工遣散，然而彼時的宇潔已經累積了基礎的動畫經驗，為她下一階段的工作鋪好了路。

之後宇潔到了另一家設計公司，做的正是讓她樂在其中的電腦繪圖師。她非常喜歡這種為遊戲角色設計的工作，當年的經驗也奠定她日後成為專業老師的基礎。隔沒多久，她就已經有實力去補習班擔任電腦繪圖教師，從二十三歲擔任業餘教師直到現在。

做遊戲動畫有多好玩呢？對宇潔來說，個性單純的她，經常在現實生活中覺得自己對很多事無能為力，可是只要一進入遊戲，她卻可以成為「掌控者」。她設計每個角色行、住、坐、臥、攻擊、防守……等動作，她還為了設計出遊戲中怪物正確的動作，特地做實地觀察。

例如遊戲中有模擬的蛙怪，但青蛙的動作應該是怎樣的呢？出生在都市的宇潔，很少近距離真正看過青蛙，一開始設計的蛙怪動作怎麼看怎麼怪，後來她特別去看《Discovery》有關青蛙介紹的影片，才終於知道該怎麼為蛙怪設計動作。其他包括魚怪、爬蟲類造型的怪物等等，她都要了解這些生物的本性，這讓她邊學邊覺得充滿樂趣。

宇潔自嘲她曾經做倒了七家公司。其實是因為遊戲產業競爭激烈，當年有許多小公司出來搶食大餅，在競爭激烈中，難免有公司成功、也有公司失敗，也因此宇潔在二十多歲的青春時期換過幾次工作。但都和動畫設計有關，包括設計3D影片、參與臺北燈節的動畫影片，也去製作博弈機臺的公司上過班，畫過撲克牌等等。

基本上，擁有一技之長的她，不是亮眼的職場明星，但至少過得還算悠游快樂。直到有一天家中出狀況——爸爸的生意倒了。

這讓宇潔的人生進入到另一個灰暗期。

◎成為一個憤青

那真是一段很灰暗的歲月，灰暗到本來個性就比較單純與世無爭的宇潔，想過自暴自棄的人生。

原本宇潔的家境算不錯的，擔任股市分析師的父親及股票業務員的母親，賺錢本領一流，也讓宇潔和姊姊有個物質豐裕的童年。然而，金融風暴席捲全世界，從事金融業的父親也不能倖免。他鋌而走險，代人操盤，結果出現嚴重的誤判。

股市這門學問就是這樣，當你是個旁觀的分析者時，可以講得頭頭是道，一旦你自己成為局中人，一切就不是那麼一回事了。宇潔的爸爸由於操盤錯誤，資金狂瀉，一夕間從一個小有資產的中產階級，變成負債累累的債務人。

那年，父母為了避免負債傷害擴大，選擇以離婚的方式做財產分割。兩個女兒都已進社會工作多年，家中有難也不能旁觀，宇潔便把自己多年的積蓄大部分奉獻出來，雖是杯水車薪，也多少分擔一下父親的債務。

不料屋漏偏逢連夜雨，當時宇潔在工作上也碰到一些瓶頸，她在遊戲機臺公司工作，但不是很喜歡那個環境。同時間，她還被交往兩年的男友狠狠甩掉，對方甚至奉送她一句：「妳這個人太無趣了，我不能跟妳走下去。」

宇潔的世界整個崩塌了。

我努力賺錢有什麼用？到頭來，我什麼錢都沒了，都拿去幫家人還債。
我努力工作有什麼用？到頭來，還是處在一個紛紛擾擾令人不快的職場。
我努力愛人有什麼用？到頭來，真情換絕情，我被人棄如敝屣。

這是宇潔人生中第一次覺得路再繼續走下去實在很沒意思，她雖不至於想自殺，但卻覺得未來的路看不到希望，也沒有任何想往前走的動力。

算是一種逃避吧！

宇潔趁著身上還有一點點錢，反正不花也要拿去還債。不如就去揮霍吧！怎麼揮霍呢？從來就不是愛花錢 shopping 那型的人，宇潔一時間還真不知怎麼花錢。後來想到一個可以「花大錢」的方法，那就是出國。

那時已經變成憤青的宇潔，對什麼事都看不慣，心態上變成「反正做什麼都沒用，那麼就讓我任性而為吧！」一般人若出國遊學，會選英語系的國家，但宇潔偏偏不要，她就要跟別人不一樣，一句法文也不懂的她，就要選擇去法國。

就這樣，不是為了學習成長，也不是為了追尋新鮮體驗，純粹為了把錢揮霍掉，宇潔短暫補了一下法文，只懂得基本音標之下，就飛去了法國，半工半讀的過了一年茫然的異國歲月。

◎放棄現實世界躲入虛擬世界

直到現在，當有人問起宇潔那年的法國遊學經驗，一定很特別、很浪漫，有很多美好回憶吧？宇潔只會苦笑著跟你說：「並沒有。」

沒有交法國男友，沒有盡覽歐洲風光，沒有學會法文，也沒有寫下什麼驚奇冒險故事。什麼都沒有。

在臺灣是個宅女，到了法國，宇潔還是宅女。生活就是白天上課、晚上打工，因為工作太忙，沒空交男友，也沒空去觀光，甚至上課也狀況不佳，結果就是什麼都沒有。唯一可堪慰藉的，就是至少這一年的經費都是自己賺來的，她自力更生撐過這一年，但回臺灣後也沒帶回多少錢。

聽到這裡，許多朋友都無言了。

朋友都感覺這樣了，身為當事人的宇潔，其實心境更差。

一年多的海外經驗，沒能讓她開心，但的確讓她想了更多事情，她不願再那麼信任人了。在海外，她發現歐洲人的感情觀是獨立的，不像臺灣人那麼愛黏在一起。獨立的另一個面向就是冷漠，因此她也感覺到這個世界對她是孤立的。冬天的時候，望著庭院裡沒有一片綠意，只剩光禿禿的樹枝，清冷的空氣中，她深深覺得寂寥與絕望。

從原本步調較緩的法國，回到步調較快的臺灣後，宇潔變得更憂鬱了，她得了社會適應不良症，她不想面對這個複雜虛假不能帶給她快樂的世界。她選擇躲到一個她熟悉的地方，快三十而立仍一事無成的宇潔，成為一個網路遊戲宅女。

一天二十四小時，除了吃飯、睡覺、上廁所，以及為了生計，每周仍有固定時間去補習班教課外，其餘時間她都奉獻給了網路世界。

在那裡，她可是個女英雄呢！

日復一日的投入，她也得到了回報。當在現實世界，她努力了十年換得的是財富、愛情兩頭皆空，在虛擬世界裡，她卻非常有「成就感」。

宇潔不但在射擊遊戲CS中取得很高的成績，並且她還組織團隊，成為副團長。在網路世界中，她受到高度崇拜，透過她的號召，募集了許多女孩加入她的團隊。由於異性相吸，她的團隊也因此吸引更多男性玩家投靠。透過網聚，還有「網路培訓」種種方式，她帶領團隊步步高升，從一個原本默默無名的小團體，變成CS遊戲中知名的戰隊。

身為遊戲中名人的她，非常樂在其中，一點也不在乎現實生活中的事。反正賺再多錢也沒用，都要拿去補貼家用，宇潔只靠教課每個月賺一萬多元，足以維持生活基本開銷就好。一天十二小時，她都「忙碌」於CS的世界。她不只領導團隊，還要協助排解糾紛，甚至有爭風吃醋類的事，都要靠她來「喬事情」。

整個已經融入虛擬世界，現實生活已是「廢柴一族」的宇潔，就這樣一直沉淪下去。甚至身邊朋友有人看不下去，要把她帶到現實社會，也沒法喚醒她。

有一回，宇潔一位好友的母親要去高雄六龜做公益，邀請宇潔和她女兒一起去那探望孤兒院。明明都已經來到山明水秀的地方，當走在一個兩旁風光明媚的吊橋上，宇潔的心卻不在那。

當看著橋下湍急的流水，宇潔忽然站在橋邊大喊：「我好想趕快回家去玩CS喔！」

一旁的朋友，也只能無言。

◎找回自己的價值

有什麼事情在當時看來不幸，可能事後回想卻是個幸運？

從法國回臺後，沉迷於線上遊戲的宇潔，五體不勤，生活不正常。在一年的期間內，胖了至少八公斤，並且疏於裝扮，一副頹廢樣。在虛擬世界指揮時，男生們為這個女英雄喝采，但現實生活的幾次網聚活動中，她的「本尊」卻讓一群血氣方剛的男生失望：「什麼嘛！原來是大媽級的女人啊！」

之後宇潔的人氣下滑，不久後又發生群男在網路上爭風吃醋事件，各方人馬吵得不可開交，連宇潔也化解不了。曾經叱吒一時的知名戰隊，竟在極短時間內整個瓦解。

再次的，宇潔對自己命運感到不平。

「為什麼，我那麼努力經營的團隊變得如此脆弱？為什麼我從無到有費盡心思創建的優質隊伍，就這樣灰飛煙滅？為什麼我的努力總是變得一場空？」

但所謂「幻滅是成長的開始」，宇潔對網路世界失望，其實是件好事。這讓她終於願意好好打理自己，出門認真找個正職工作。畢竟她有豐富的遊戲產業經驗，並且還是專業的電腦繪圖老師，很快就找到了工作了。她進入一家上市上櫃的遊戲公司，之後因為覺得不習慣大公司的「做人文化」，她又轉去一家做手機遊戲的公司。至於晚上，則繼續在電腦公司擔任講師。

到了這年，宇潔其實當老師的資歷已經超過十年了，只是她一直把這裡當成副業，當成一種「外快」，從來也沒賦予這個工作多大的使命感。儘管在遊戲產業，宇潔其實算是「名師」，還被政府找去擔任職訓班的講師，她也覺得這些都只是她的工作而已。

有一回，當她在職訓班上電腦繪圖課時，班上有個學生程度落後其他人許多。說是「學生」，其實也已經六十好幾，是個失婚婦女。年輕時嫁到日本，不料步入中老年時，丈夫鍾愛小三，並且狠狠與她決裂，連兒子都不支持她，這個婦人很狼狽的被趕出門，落魄回臺。她一生大部分時間為家庭奉獻，也沒習得什麼一技之長，如今為了生計，只好來學習電腦繪圖。但她的程度實在太差，甚至拖累整個班級進度，招來不少怨言，身為老師的宇潔只好出面和這個婦人談。

一談才知道，這婦人身世還真可憐，甚至還想要自殺！宇潔趕快聽她傾訴，然而，像落水的人找到一根岸邊可以拉的草般，那婦人就一直纏著宇潔。由於這婦人有自殺傾向，所以宇潔也不敢把她丟著不管，就這樣時不時陪著她談心。居於良心建議，宇潔覺得這婦人不適合學電腦繪圖，倒不如去學可以讓日文派得上用場的導覽工作，還比較有出路。後來婦人也聽了她的建議，做了職訓項目的更改。

這些事宇潔並沒有放在心上，直到婦人退訓那一天，她突然問宇潔，可否告訴她出生年月日和住址等。宇潔覺得奇怪，問這幹嗎？婦人竟然說，要為她立長生牌位，將來兒子若從日本來臺，也要讓她知道誰是家中的「恩人」。

此時宇潔才驚覺，原來自己竟然變成別人的「恩人」，對方說話的時候眼眶還含著淚。

這件事為宇潔的內心帶來不小的震撼。突然間，她發現自己很有「價值」，原來她十幾年來已經透過教育改變了很多人，只是她過往總是把焦點放在這世界對她如何不公平上面，從來沒有從「帶來正面影響力」這個角度想事情。

說來好笑，當宇潔為了怕老婦人想不開，不斷的講許多安慰話給她聽，包括要她換個心境想事情，要擅於發揮自己的專長……等等，天啊！這些話，不正適合講給現在的自己聽嗎？

從那個時候開始，宇潔逐漸懂得要「用心看待自己」。

一切的努力並不會都是白費，
種一個因，就會結一個果，
也許不是你原本想像的樣貌，卻可能是另一種更好的風景。

教書超過十年了，宇潔從來不曉得，原來自己不只在傳授技藝，她還影響許多人的生涯。那個婦人讓宇潔知道，透過教育的影響力，其實超乎她想像。

此後，宇潔上課不再只是單純的知識傳授，她也懂得去提升學生性靈的發展。課堂上，她會在適當時段播放勵志的短片。看到學生個別的狀況，她也會適時給他們打氣鼓舞。

她開始用心幫助人後，發現世界整個不一樣了。

很巧的，就在她「想開了」的那一周，也正是她工作機會變得更多的時候，原本只在有限的一兩個地方教課的她，開始接到更多的電話，邀請她去做更多的分享。

現在的宇潔，上課更活潑多樣，也更加讓她的教學名氣被打響。

宇潔也不會自滿於現有的學識，她總是持續去參加其他老師的課程，為自己充電，再將新的學習養分，分享給她自己班上的人。

她創立了一個善的循環。
曾經灰暗抑鬱的宇潔，整個人已經光明了起來。

她很感慨的說：

以前，我以為我是去教學生；
其實，是學生們成就了我。

總覺得自己太單純，反應太慢，但這件事才真是她反應最慢的一件事，她竟然花了十多年時間，
一直看低自己，直到此時此刻，才「發現」到她其實做的事很有價值。

你是不是也是這樣的人？
明明處在一個明亮的地方，卻把自己縮在陰暗的內裡，
總是看到社會對你負心的一面，卻沒留意背後溫暖的陽光？

而今，宇潔找到一條讓自己真正歡喜的路，這條路她原本早已在走，只是她從前對自己沒那麼肯定。如今她更充分擔任講師的功力，除了在大學教授電腦產業相關課程，也加入「益師益友」團隊擔任講師。她還主持電臺，有自己的節目叫做「宅宅出音」。她想要透過這個節目告訴大家，遊戲技能不一定就是壞事，懂得遊戲其實可以發揮的領域很寬廣，遊戲的人思維也會更符合現代。若非有遊戲動漫等協助推廣，「三國演義」這個ＬＫＫ千年前的文化，也不會如此深入民間。算起來，遊戲動漫是歷史文化推展功臣呢！

能夠「發現自己」然後「做自己」，任何時刻都不會太遲。因為陽光，總是會在烏雲後出現，在那持續照耀著你。

廖宇潔的人生建議

◆ 現代的我，經常在外上課，我不只上專業的電腦繪圖課，更多時候我上的是勵志成長課。畢竟我自己就是最佳的範例，一個曾經自暴自棄、放棄人生的人，但終究我走了出來。甚至我還有一個演講主題是：「如何從網路成癮中走出來」。

看吧！這題目我最適合講了。

所以人生發生的任何事，都不會是白費的，一定有它的意義。

◆回首我的人生會發現，總是在負面事件發生的轉角處，其實隱藏著新生機，正所謂：「上帝為你關上一扇門的同時，也會為你開啟一扇窗。」

◆我童年時成績不好，沒姊姊那麼得人愛，但也因此讓我得以投入繪畫領域。

我在職場上沒那麼順遂，曾經做倒了七家公司，換了不少工作，但也因此那麼累積了許多的遊戲產業珍貴的經驗。

我去法國一事無成，回來後又變成「廢柴」，看似沒有任何產值。但回過頭來，正因為這段走在谷底的人生經歷，讓我後來更珍惜我找到的新人生。

所以，凡事都可以有好發展，只看你是怎麼看待自己的。

◆最終，沒有人能夠定義我們，只有我們自己可以定義自己。

我的個性單純，反應不算快，但我後來從事的是最符合現代潮流的網路工作，並且我是這個領域的講師。

過往我常依靠別人來定義自己，當在職場情場碰到挫折，就會覺得世界是一片黑暗的，乃至於我還要去虛擬世界博取「肯定」。

但就連虛擬世界的肯定，也只是曇花一現。

到頭來，真正可以肯定自己的，原來就是我們自己。

你喜歡現在的你嗎？
為何你要不喜歡自己？
靜下心來，欣賞一下自己，你將會感覺，原來自己是那麼的好。
所以，勇敢做自己吧！

PART 2
職涯篇

擁有兩把刷子還是更多把刷子？

「保持積極學習的態度，是我對自己的期許。
在擔任講師的時候，
即使是同樣的主題、同一批學生來上我的課，
我也會有新的東西讓他們帶回去。
其實，我的人生理念也是這樣，
每個今天都要努力比昨天更充實，
這是我對社會負責，更是對自己負責的態度。」——余勝博

有的人一生中專注一件事，成為那個領域的頂尖好手。好比說，知名的雕刻家、畫家，或者終生投入一個產業做到極致的企業家。

有的人則多元學習，在不同的領域都有令人讚賞的表現。或者，在不同階段有著不同階段的突破，也許這十年是技藝大師，下個十年是藝術大師，再下個十年是學禪有成的人生大師等等。

學無止境，是這些人共通的特色。

不論是專注在一個領域，或者找到其他第二專長、第三專長，什麼是人生該始終如一的態度呢？一個不斷學習精進的人，肯定會有精采的人生。

獲獎無數，作品也曾被海外媒體大幅介紹，余勝博，正是一個「做什麼像什麼」的職涯典範。

◎摸索出自己不同的可能

於二〇一四年剛取得國際授證「經營管理顧問師」證照，穿著筆挺西裝，有著專業形象的余勝博，他對於各產業的「產、銷、人、發、財」，經常可以提出精闢的管理建言。這些見解絕不是拾人牙慧或者人云亦云的專家言論複製，而是來自他超過十多年以上對產業的長期觀察與用心思考分析。

在勝博家裡甚至有著不輸專業產經研究機構的豐富資料庫，從年輕時代就有整理市場資訊、用心分類做剪報的習慣，勝博的待人處世始終如一，就是用心學習，永遠讓自己保持在最佳的資訊狀態。

就如同他的名字一般，勝博，以博學取勝，更是以認真負責的態度取勝。

其實，出生於南投鄉下，勝博成長時期的家境並不算好。依著他求學的經歷，他原本有百分之八十以上的機會會成為一個機械工人，也就是傳統中的黑手。

職業無貴賤，勝博從來不會排斥黑手，事實上，在他初入職場一段歲月裡，他都是與黑手為伍。但勝博知道，他想做一個更有影響力的人，擔任專業技工很好，但如果可以從事用腦的工作，一定可以讓他的專業幫助更多人。

早在小學時代，勝博就發現自己有繪畫天賦，到了國中，他的圖畫更讓人驚豔。直到三十多年後的現在，他仍保存著當年的鉛筆繪圖手稿，那仿真的人物及寫實素描，連老師都和他父母建議，這孩子應該去讀專業的美術學校。

當年愛畫畫的學生，心目中的畫畫學校就是臺北的復興商工。但孝順的博勝，覺得他不想去那麼遠的地方讀書，增添父母的經濟負擔。更何況他的人生尚在摸索成長中，他還可以有其他興趣啊！

事實證明，勝博的確是個總能在成長過程追求新境界的人，他不斷「開發」出各種新的技能興趣，總是帶給身邊的人新的驚奇。

也許繪畫可以是我人生影響深遠的一個領域，
但我不預設立場，也不抹殺各種可能，
在人生蓋棺論定前，我願積極拓展更開闊的領域。

所以勝博沒有進入美術或設計學校，而是投入另一個當年男生最常投入的領域，他進入職校，念的是機械科。

◎主動請纓爭取自己想要的工作

進入職校念機械科後，博勝發現他的抉擇是對的。

是的，博勝並沒有那麼喜歡從事機械製程方面的工作，但他卻在這個領域中，發現一個可以結合他興趣的專業，那就是「機械製圖」。職校學生二年級開始就要進入建教合作的階段，每個學生都要去工廠實習。當時在模具工廠，他就自動請纓要進製圖室工作，這也影響他的學習方向，從那時候起，勝博就確認他的職涯第一專業就是「機械製圖」。

必須特別說明的，這機會是勝博自己爭取來的。在往後的人生，他也總是懂得主動爭取的人。

勝博經常表示，人生不能夠等在那，讓時代趨勢或大環境變遷帶著你走，要勇於主動發現新的學習點，也要勇於接受新的挑戰。所有新機會都是靠主動爭取而來，不要等命運牽著你走。

當年還沒有電腦繪圖，製圖工作要求的是字體工整，並且個性要謹慎，行事不浮躁，能夠按部就班，從基礎做起，到完成整個任務。從小就有繪畫天賦的勝博，通過了考驗，他有以前的繪畫基礎，加上主動請纓的勇氣與熱忱，才十六歲，他就已經成為一個製圖員，在工廠累積了許多實務經驗。

在那成長年代，勝博也透過製圖工作，體悟到一個很重要的人生道理。由於他是在模具工廠工作，所謂模具，就是打造一個基本的「原型」，透過這個原型，才能大量生產實用的器皿，提供社會大眾更便利的生活。如果一開始模具就錯了，那麼無論怎麼生產，也只能生產出錯誤的東西。因此，模具的製作很重要，而模具的源頭，就來自於正確的圖面繪製。

博勝體悟到，如同製模一樣，任何事從一開始就要打穩基礎，寧願最初花很多用心，打造正確的模式，也不要沒準備好就一頭栽入，到頭來耗費光陰，卻一事無成，關鍵都在最起初的時候，要夠用心。

職校三年，讓勝博具備基礎進入職場的能力。畢業後，他先入伍當兵三年，再投入職場，想要大大發揮所長。

但在服兵役期間，他就發現了一個重要的問題，不管他本身能力多強，職場是現實的，放眼報上的徵人廣告，大部分應徵製圖員的基本條件，都是要有專科以上學歷。職校畢業的勝博，空有一身本領，卻連面試的資格都不符合。所以他在服兵役時，就做好決定，必須再念更多書才行。

這也是他一生的寫照，他總是發現自己的不足，然後不斷精進，也就是因為這樣，他的人生才能開闊更多的可能。

◎找出自己的第二專長

追求更高學歷是必然要走的路，不只是因為那張文憑是進入職場必要的門票，也因為過往以第一線實習為主的勝博，需要更多學理方面的充實。此外，勝博知道，念大專不只是學專業，同時也必須廣泛學習通識教育以及人際關係。這些都讓勝博選擇不要那麼快正式投入職場，寧願「準備更充分」再大展長才。

於是勝博用一年的時間，白天在鐵工廠打工繼續充實經驗，晚上就認真補習。一年後，果然考上他理想中的學校──新埔工專（現改制為聖約翰科技大學），這在當年是大專技能科系前三志願。同樣的，為了可以既念書又追求學業，他選擇讀夜間部，繼續白天工作、夜晚進修的歲月。

職校念的是機械科，進入夜二專後，勝博念的是工業管理系。勝博承認，當年他選擇這個科系前，對管理完全沒有概念，只因為他知道他的專長不是機械本身，所以不能選填機械相關科系，才會選擇工業管理系。然而進入這個科系後，他就發現一個令他全然驚豔的領域，覺得看到一個全新宇宙的感覺。從此，勝博愛上企業管理，這一熱愛，從求學時代維持到現在，成為他的第二個最愛，甚至比起他的第一個最愛，勝博覺得他更喜歡「企業管理」這個領域。

如果當年勝博一頭投入設計學校，也許他這一生就只能在設計領域裡奮鬥，但多元學習讓他開拓了視野。

所以後來對於教育，勝博總跟年輕人說，在成長階段，其實一切都尚未定型，除非真的有與生俱來超級的熱忱，否則年輕人不要太早決定自己的一生事業。

曾有企業家前輩鼓勵年輕人，三十歲以前可以多多摸索，嘗試多種職業，如此才能真正找到自己的一生志趣。

勝博也認同這樣的觀點，他自己就是這樣的例子，在二十多歲才發現他的另一個興趣，後來也成為他的職涯第二專長。

然而，管理需要實務經驗，甚至需要歲月累積、需要更多人生歷練。所以，年輕時代的博勝，仍以第一專長「產品設計」作為他的基本職業，同時間，也不間斷的持續精進第二專長。

這也是博勝可以讓年輕職涯人效法的地方：永遠不要讓自己只有一把刷子，總是要讓自己有至少兩把刷子，才能夠維持自己在社會的競爭力。

在設計領域，原本已經累積許多功力的勝博，才二十出頭，尚在念大專院校半工半讀的階段，就已經大放異彩。

當時白天在玩具公司服務的勝博，他所設計的產品已經受到公司肯定，作品被送到德國紐倫堡玩具展參展，之後更上層樓，一九八九年，也為當時服務的公司獲得殊榮，他的設計作品榮獲美國ＡＶＡ「年度最有創意產品獎」。

過往以來的用心學習得到了肯定，勝博用自己的實例，證明只要肯用心，這世界就會不惜給你實際的報償。

◎成為解決問題高手

凡事都有啟蒙。

勝博的製圖與設計能力，是在職校建教合作時於工廠啟蒙；勝博的企管專業，則是在念新埔工專時啟蒙。至於進入職場之後創業，則起因於經過啟蒙後，不斷持續精進的累積。若是啟蒙後，只過著得過且過的人生，那麼勝博僅會是一個普通的上班族，可能直到老年都沒什麼突出成就。

勝博從一開始決定選擇一個領域就會專心投入。以「機械製圖」來說，他當年求學時代，電腦還未盛行，純以手工作業，勝博可說是「AutoCad」應用軟體剛引進臺灣便投入學習的專家。從手工繪圖到電腦繪圖，勝博有著堅實的技能，如此才能不斷滿足實務應用以及公司成長的需求。

勝博從事的是模具設計，後來也拓展到產品設計。他的專長是機構設計，所謂的「機構設計」，就是要在廠商設定的條件下，以有限的資源做出最有效率，既可受到消費者歡迎、又可以替工廠控制成本的全新設計。許多時候，這等於是一道道的考題。例如廠商規定，在一個小小空間裡，既要容得下ＩＣ板，又要能放入電池裝置，各種基本零件都要可以放進去，要勝博規畫出整體的設計。這是一次又一次的腦力激盪，往往需要絞盡腦汁才能想出新的可能。當年勝博就是憑著多年不間斷學習累積的知識，以及做事專注的態度，二十多歲，他的產品就獲得國際獎項的肯定。

在職場上累積足夠的專業能量後，勝博便決定創業，先是和朋友合夥開公司，後來改為個人設計工作室自行接案，那時候，勝博的挑戰就更多了。

接案的人，可沒有選擇案子的權利，各類型的設計案他都得接。

在這段時間，勝博設計過的商品琳瑯滿目，他設計過很多玩具，也設計過即可拍相機，這讓勝博印象深刻，因為必須要在一隻手掌就可掌握的小小盒子裡，放入超過六十個零件，最後要達到精緻拍照的功能，這大大的考驗著勝博的腦力。他還設計過女孩子用的粉餅盒、專業玩家用的望遠鏡、兒童安全座椅、充電座、飲水機……等等。

就是因為沒有選擇，什麼案子都得接，磨練了勝博成為一個更加全才的人。

對於一個商品完全不熟怎麼辦？別無他法，沒有退縮這個選項，勝博唯一可以做的，就是不斷學習再學習，好比說設計粉餅盒，那他就要去理解、研究女孩子怎麼化妝。

不給自己設限，這就是勝博工作不斷精進的模式。

在這個階段，勝博也領悟人生另一個重要的道理：

身為專業的設計師，面對客戶的主要使命，就是「幫客戶解決問題」。客戶有什麼設計需求，碰到瓶頸，我們就是要幫他解決。

人生也是如此，一個在職場受歡迎的人，為什麼受歡迎？原因無它，就是因為你是一個人可以「幫客戶解決問題」的人。

就這樣，從二十多歲到三十多歲，勝博成為一個設計高手，同時也是解決問題高手。

◎能屈能伸，轉換職域依舊亮麗

此時的勝博已經是設計界的高手，本身也已經有自己的專利，專業備受肯定。

但勝博也常說一句話：「人在職場應盡心盡力，當碰到狀況，也要能屈能伸，務實面對，這樣才是大丈夫。」

勝博是設計專業，這毫無疑義。但如果問題不是出在勝博本身專業，而是出在整個市場呢？那該如何面對？

二十一世紀，臺灣的經濟優勢已逐漸消失，擺在眼前的事實，大陸市場崛起，臺灣的工廠一個一個轉移到大陸去。勝博的客戶大都是模具廠，而模具廠是依靠各大工廠下單來生存，當大部分工廠都跑去大陸，模具廠也不得不跟進。模具廠都搬走後，勝博的個人設計工作室業績也就一落千丈。

這時候的勝博，有怨天尤人或憤恨不平嗎？沒有，他一天都沒有浪費。早在多年前他就已經發現這個趨勢，他也曾努力去開拓其他客源，當發現再怎麼努力都無法增加業績時，他選擇順應時勢；如果大環境是如此，我們再怎麼對抗也沒用，只會浪費時間、精力，還不如跟著時勢走，快速選擇自己的新定位。

於是勝博再次重回上班族行列，到一家光學工業公司服務，負責的仍是他最擅長的設計工作。沉穩務實的他，工作時絕不會動不動就提「當年勇」，他只是認真的做好自己的工作。就在二〇〇五年，他設計的光學望遠鏡，不但再次獲得肯定，並且這回是世界媒體紛紛報導。

原本一個光學望遠鏡規格都非常大，光是一顆鏡頭的尺寸就很驚人，在勝博提出新設計前，通常這樣一個專業的望遠鏡，非常不「親民」，只適合科學家及專業人士，並不適合一般人，原因在於攜帶不便。但勝博改良了設計，他把望遠鏡設計成可拆解型式，從此就算一般人，只要開車就可以輕易將望遠鏡放在後座，無論天涯海角都可以輕易的開車去追星。因為這樣的設計，日本的專業雜誌還用封面專題報導，標題是：「這樣的望遠鏡，家家戶戶都該有一組」。

做什麼，像什麼。余勝博用具體的成績，證明自己是個可以「解決問題的人」，不論是個人設計研究室，或者參與企業擔任員工，他都可以做到令人信服的專業表現。這才是一個職場人所當為。

◎找到人生第三專長

進入四十歲年紀，勝博持續學習精進。在創業到擔任公司高階管理人員這段歷程中，勝博又找到了人生的第三個專長。

一個人有兩把刷子已經可以在社會上游刃有餘，現在勝博卻擁有三把刷子，這第三把刷子，就是演講專業。

早在二十多歲勝博開始創業的時代，他就已經積極加入各種社團，一開始是為了拓展人脈，畢竟接案工作必須廣泛開發案源，但後來他卻從社團中得到啟發，有了更多學習。

當初加入社團的另一個原因是為了學習，勝博知道，除了看書及勤於吸收資訊外，一個很重要的學習管道，就是參加專業人的聚會，而社團就是專業人的聚會。

最早，勝博加入青商會，之後還成為青商會附屬健言社的社長。隨著人脈更廣，專業能力更受肯定，他後來也擔任青商會的理事以及祕書長。在二〇〇二年，他更成為「中華民國健言社」第十三屆理事長。

健言社，顧名思義，是培訓講話技能的社團。勝博在青商會服務時，透過參與活動傾聽各個專業人士的演講來精進自己，這些來自各領域前輩的專業演說，經常成為勝博在人生閱歷與成長的養分，也因為他勤於吸收來自各行業不同的觀點，他在面對「人生課題」時，思慮也更加寬廣而周延。

一直受到這樣恩惠的勝博，覺得自己不能一再的只是「受惠者」，因此他砥礪自己，有一天也要成為站在臺上的人。他認為：「今天別人用他的生活智慧與人生經驗啟發我，他日我也要用自己的生活智慧與人生經驗幫助其他人，這就是善的循環。」

勝博不斷加強自己的講話技能，他讓自己更擅長簡報，更擅長對公眾演講。秉持著一貫的「充分準備」精神，他平日就努力學習，每天固定瀏覽各大新聞網站，掌握趨勢吸取新知，同時他也用心蒐集故事，只要聽到什麼有趣或有啟發性的故事，他就會把故事記錄下來，並且清楚的分門別類，如：

家庭類、職場勵志類或心情小品類……等等，這些故事也都成為豐富他演講的素材。

就這樣，演講成為勝博的第三專業，現在他經常受邀到各大企業、社團演講，包括：「優質演說家」、「企業講師訓練」、「團隊激勵」、「企業動能」……等等，都是他擅長的演講主題。

同時間，已經取得國際授證「經營管理顧問師」證照的他，也發揮他的管理專長，在朋友開設的公司擔任總經理一職，持續為產業進一份心力。

擁有三把刷子的勝博，人生過得精采燦爛。

若問他，人生下一階段怎麼走，勝博會告訴你：「人生，持續學習精進就對了，面對人生不同的挑戰，都要盡力發揮。」

至於未來他是不是會找到第四專長，開拓另一個領域的人生呢？想必另一個「人生驚豔」也正在等他，而這不正是人生最吸引人的地方嗎？

你有幾把刷子呢？如果只有一把，那請努力追求自己的另一種可能，這樣，你就擁有更多開創人生的本錢。

余勝博的人生建議

◆ 所謂設計，就是創造新的可能。

專業設計工作如此，人生也是如此。

以我承接的設計案來說，我必須在一般人覺得不可能的情況下，化不可能為可能。當我創造新的可能，往後，這個原本的不可能，就又變成了「可能」。

就如同在電話未發明前，人類覺得遠距離講話是不可能的，後來電話成為具體事實後，人們又認為無線通話是不可能。到了手機誕生，無線通話成為可能，後來又變成手機既可通話又可玩遊戲是不可能的……在每一個「化不可能為可能」的基礎上，再創新的可能。

這是我從事專業設計的工作，也是我所認為人生成長的最佳寓意。

◆ 別忘了，要比昨天的自己更優秀！

經常聽到人們感慨現在年輕人越來越不好用，明明現在的年輕人是有史以來學習機會最多的時代，為何大家對許多年輕人的表現不滿意？原因就在於多數年輕人生活太過安逸，容易變得好逸惡勞，在學校時大都沒有培養積極學習的態度，畢業後更是不再自我精進。同樣是大學畢業生，老闆們會感慨，二十多年前的大學畢業生比現在的大學畢業生含金量要多得多。

如何讓自己成為「含金量」夠高的人呢？就算到現在，我四、五十歲仍持續學習。有計畫的閱讀是學習，觀察產業趨勢是學習，選擇課程進修是學習，受邀講課的備課過程也都是學習。要讓自己成為含金量高的人，請記得：「成長看得見，『學習』是關鍵。」

◆當學習的經驗夠多時，你就會發現，知識能量是可以轉換的。

以管理來說，一個可以運用在資訊管理的學問，可能也可以運用到人事管理。所謂「產、銷、人、發、財」，各個領域並非全然各自獨立，而是可以有共通的智慧。甚且，我們不同領域的學習，可不可以用在人生自我成長上面呢？當然可以。所以「學習」是最值得投資的事，任何學習所得的「能量」，都可以帶來多面向的影響力。我一再鼓勵年輕人，學習、學習再學習，它就是一種「能量」的累積而不匱乏。

◆經營個人「好品牌」，創造人生「好將來」。

當市場競爭激烈，只有勤於學習的人可以脫穎而出。

什麼是不變的呢？人生沒有奇蹟，只有累積，一個人累積的被信任感是不變的，當一個人受到肯定，其帶來的魅力將影響一生。

所以我鼓勵人們，把自己這個「品牌」經營好，人生就會精采。

我自己常形容自己是「冷泡茶」型的人，專家說，冷泡茶低溫沖泡更能沖出茶的原味。不疾不徐、穩健成長的人生，是我追求的人生。

總是做自己，也持續突破自己。

希望可以帶給社會更多的貢獻，這是我一生的祈願。

找到自己真正的熱愛，成就一輩子

「嘗試了幾個工作，發現自己都很擅長，
但擅長的工作，不代表就是我最熱愛的工作，
最終還是選擇自始至終可以讓我充滿熱忱的職涯，
也許收入不是最高，但做自己最愛的工作，人生每一天就會充滿快樂。」——陳憶慧

很少有人能夠在小時候就找到自己的志向，大部分人直到畢業踏入社會後，才逐漸尋覓到自己的最適職業。

經常的情況是，理想與現實有了差距。好比說，已經投入一個工作幾年了，若後來有機會從事當年夢想中的工作，屆時可能會因為捨不得放棄現在的工作，而選擇與現實妥協。或者，感覺自己可能喜歡某個領域的工作，但「感覺」不等於能夠「勝任」，於是在心中猶疑不定下，一再蹉跎，終究如同多數人般，選擇安於現狀，將夢想塵封，過著並非自己最想過的人生職涯。

可是人生只有一次，如果就讓自己做著不是最喜歡的工作，那這樣的人生是否感到遺憾呢？

自行創業投入家教事業領域多年的陳憶慧，對職涯選擇有著很深的感觸與分享。

◎如果尚沒有最愛，那就多方嘗試尋覓最愛

有的人天生愛畫畫，有的人從小立志當老師，但對憶慧來說，直到考大學那年，都還沒有一個自己可清楚說出的志願。她只知道，自己雖不排斥算術，但從小不愛經手別人的錢，所以自己可能不該選和數學相關的科系，她想若有機會，想要去念政大廣播相關科系。

那年是指考的第一屆，大學選志願不只看成績，還得看各科目的分數，不同的科系對每個科目有一定的基本需求。不巧印證了莫非定律之一，越不想選擇的科系卻偏偏分數落點就在那。因為考試時的文科成績不夠好，當初的志願選填設計，分數並無法進入政大廣播相關學系，而政大的其他科系多採國、英加重計分，所以填志願以興趣和能力為主的中文、歷史和經濟系為主，她也不填師範體系學校，固執的認為自己不喜歡教書。後來命運之神似乎眷顧憶慧，讓她考取了清華大學經濟系，除了學校的名氣之外，這間學校的豐富資源，也讓她後續職涯能力奠下基礎，只是那時候十八歲的她，沒有想這樣多。

人生是一場又一場的選擇，
做自己喜歡的事或與現實妥協，是永遠會面對到的課題。

念經濟系的出路是什麼呢？憶慧大部分的同學都選擇去銀行或會計師事務所上班，但這兩個地方都是憶慧不願意去的。她覺得學習精進沒有問題，但若要以此做終生職業，那就整個違背自己喜好，她不可能就這樣終生從事自己不喜歡的工作。

怎樣設法改變自己的未來呢？

憶慧的做法很聰明，她選擇擴展自己的學習領域，藉由不斷嘗試，找出自己喜愛的項目，以及增強自己各方面的實力。

由於本科系念的是經濟學，憶慧先是到鄰近的交大修習工業管理學院的行銷課程，也在自校選修了一系列十五個學分的傳播課程。對許多大學生來說，他們只是為了湊學分而去念通識課，憶慧卻是很用心的看待通識課，將之充分運用，她學了包括「認識金屬」、「讀劇與演劇」等彼此領域差別很大的課程。至於社團方面，她也積極參與，參加了樂舞社、領袖社……等多個社團。

既然大學就是一個讓你盡量學習的地方，憶慧非常不明白為何有那麼多人浪費寶貴的青春在吃喝玩樂上，她自己則選擇把握大學四年的每分每秒，讓自己不斷學習。她也花很多時間打工，到圖書館、書店、華碩等企業去實習，還有參與課輔志工相關社會服務社團。由於打工排擠了參加社團時間，所以憶慧只參加了課輔志工社和藍天社（主要活動是國中課輔活動）。因為大學時期參加社團只是單純參與而未投入心力，她留下了些許遺憾，那是一種對於青春時期缺乏熱血的遺憾。當她進入職場後，為了彌補這個缺憾，她參加社會團體扶青團和英語演講會，並立志要用心投入並且樂意擔任幹部，從中學習溝通和領導技巧。

也在這個過程中，憶慧找到了自己第一件喜歡的職涯項目，那就是行銷企畫。大三那年，她參加了第三屆的「ＡＴＣＣ（全國大專院校商業個案大賽）」，初賽挑選的個案企業是「大塊文化」，後來在十個隊伍中脫穎而出，進入決賽。之後再接再厲，挑戰的是華碩集團的個案，最終獲得該屆全國第三名的榮耀。

這是影響憶慧職涯選擇的重要人生經驗，過程中她不僅花了半年時間經常腦力激盪，培養進階思維以及團隊合作的實戰，並且還透過和大塊文化郝明義董事長見面，以及親身體驗華碩的管理文化等等，大大拓展並豐富了她的視野，她更加覺得自己很喜歡從事行銷企畫相關的事務。

但喜歡就代表是適合一輩子的工作嗎？當時憶慧仍不知道。但至少她沒有蹉跎光陰，她多方嘗試，找到了一個她可以樂在其中的領域。

◎從實務中找出自己的擅長領域

投入職場，憶慧本來想做和行銷企畫相關的工作。但理想與現實是有差距的，一個社會新鮮人，並且非商學院管理科系本科畢（清大經濟系屬於人文社會學院），憶慧沒能找到企畫方面工作，只能依本科專長，錄取了財務助理的工作。

人生無法總是如你所願，
重要的是，如何善用手邊的資源，規畫出對自己最佳的職涯選擇。

憶慧一開始只是小小的助理。但很快的，她用能力證明大學四年積極認真的學習沒有白費，公司立刻看出這個小女孩做事認真勤快並且反應機敏，非常有自己的想法。這樣的人才當然不能屈就小小的助理，三個月後她就被轉任人資部門，這是獨當一面的工作。由於這是一家剛創業且拓展很快的新公司，短短時間內，公司員工數由十人擴展到超過一百五十人的規模。憶慧不只擔任重要的人資位置，同時還得兼顧公司的各項管理雜務，並且繼續參與財務。

透過這樣的過程，她又學到了一個新的工作領域實務，事實也證明，她還挺擅長這個領域的，這個領域就是ＨＲ（人力資源）。

於是，憶慧此時已經有兩個擅長且喜愛的領域了。

一個是大學時期找到的職涯項目「行銷企畫」，一個是真正進入職場後找到的擅長項目「人力資源」。但她的生涯就是要在這兩者之間二選一嗎？

憶慧覺得，她雖喜歡這個項目，但有那麼「熱愛」嗎？

她心中存著質疑。

她的作法是趁年輕時候繼續嘗試，但她並不是透過三天兩頭換工作來嘗試，相反的，她第一個工作，很認真的投入，直到三年後才離開。因為她謹記著大四那年參加一個知識青年成長營上課時，一位企業家在演講時告訴臺下學生的話，那個企業家說：

真正要了解一個工作，必須至少要做三年，

這樣才能透徹知道這份工作是不是適合你。

第一年你是學徒，第二年有點上手，第三年擔任新人的小師傅，開始加入領導技巧。唯有經歷這樣的三年，才算知道工作的全貌。

憶慧整整用了三年，投入她的第一個工作，也學習了影響她終生的寶貴工作經驗，這時候的她，已經可以確認自己擁有紮實的人資經歷。她積極參與政府提供的人資課程，並且在公司發展的時候，執行了ＩＳＯ、ＥＲＰ導入以及公司規章制定等工作，更甚者推行「ＴＴＱＳ品質訓練系統」，以及爭取政府青年職涯補助經費，這三年的職涯經歷，在憶慧的積極態度之下顯得豐富且紮實。

如果她繼續做下去，相信可以勝任愉快，就算做到退休也沒問題。但憶慧心中清楚的知道，擅長不等於喜愛，她很擅長人資工作，但她要把人資工作作為自己終生職涯嗎？

答案是否定的。至少，她要再嘗試其他的項目。

於是在工作期滿三年後，她選擇離開，而當時剛好有一個機會，讓她可以嘗試另一個喜愛的工作領域，也就是行銷企畫。

就這樣，她去一家知名的床鋪品牌上班，擔任行銷企畫工作，持續她人生另一個尋尋覓覓的歷程。

◎職涯的選擇，人生的抉擇

的確，行銷企畫這個領域「很好玩」，在這家賣名床的企業，憶慧一年期間經常去旅館做採訪，寫行銷企畫、新聞稿，以及設定產品內容、做行銷建議等等。她基本上還挺喜歡這樣的工作，但喜歡是喜歡，她也發現，若要選擇行銷企畫做為終生職涯，似乎又缺少了點什麼？

憶慧決定再多方嘗試。

由於遇見一位老闆的賞識，邀請她到公司任職人資工作，在薪資的誘惑下，她再度回到人資的工作。但沒多久，她發現自己不開心，因為她覺得自己沒有長進，整日窩在電腦前的工作，讓她開始思考這是否是自己所愛的工作。後來又在因緣際會下，她有機會跟隨一位前輩投入電商事業，她也覺得做生意是種很有挑戰性的選擇。她連續兩次去了大陸知名的義烏國際商貿城，一次與前輩見習，另一次與朋友起了創業的念頭，先去跑單幫試水溫，卻發現挑選貨物、資金與倉儲和物流系統等，後續又是下一階段的挑戰，而這樣的生意對於自己當時的現況，立基點是否足夠呢？

憶慧看了許多創業的書籍，頓悟出一件事情，一個人想創業成功，不用十八般武藝都會，只要專精於一種自己擅長的技能，所以意外發現自己其實挺愛教書的。

如今她有三種選擇：行銷企畫、人力資源、電商生意。

若論能力，憶慧自信自己都可以勝任。

但還是回到老問題，擅長不等於熱愛。

作為終生職涯，

是要選擇可以照顧一輩子生計安穩的？

還是一輩子每天開開心心的呢？

憶慧陷入了內心的天人交戰。

其實，一直以來有第四個選擇，這個選擇伴隨她的歲月遠比其他三種選擇要久。原來，憶慧因為家境因素，從學生時代就一直擔任家教的工作。這個工作持續多年到現在都沒間斷過，不論憶慧多忙，從學生時代上課跑社團，入社會後白天要上班，她晚上都仍承接家教的工作。

只不過家教在傳統觀念中，作為兼差是可以的，是大學生最常從事的打工之一，但要作為職涯選擇，家教似乎不太適合。

然而經歷過這幾年的職場實際磨練，憶慧越來越發現，她真正最喜愛的工作，其實還是她從學生時代就從事的家教。

憶慧不特別喜歡數學，但她的數學卻很好（這也是她考上清大經濟系的原因）；她雖不喜歡算術，卻很擅長教導學生，如何循序漸進了解一項定理，認識一個方程式。每當她將面對一個學生，她都會很認真備課，而讓一個學生「從懵懂到終於了解」的那種成就感，是其他工作無法比擬的。

憶慧雖然也很擅長人資工作，但對她來說，工作就只是盡力做到最好。憶慧也擅長行銷企畫，其實她到現在還是很喜歡行銷企畫的工作，雖然主業是家教，但行銷工作她都自己來，也會創立社群，思考異業結盟的等諸多可能，串聯周圍的老師們，一起專研教學技巧。至於做生意賺大錢憶慧也嚮往，但賺錢並非憶慧人生最高的人生價值觀。

後來影響憶慧、讓她做了關鍵決定的，來自於一個人以及一本書。

那本書是彼得．巴菲特所寫的《做你自己》。彼得．巴菲特是股神巴菲特的兒子，他從小就喜愛音樂，曾有一年他試著整年不碰音樂、不彈鋼琴，結果他整個人變得沮喪，感受不到人生意義，於是小巴菲特確認他就是要走音樂這條路。而他的父親股神巴菲特也給予支持，股神巴菲特對他兒子說：「你的人生不用學我。我天生對數字敏感，所以後來走入理財這個領域，但你既然天生熱愛音樂，那就做你想做的事吧！」

彼得．巴菲特後來投入音樂職涯，創造他自己的成就，也譜出許多暢銷的歌曲。

而影響憶慧最大的一個人，則是她的母親。

憶慧的母親雖然雙腿不便，但不良於行的她卻仍設法自力更生，靠著針線裁縫工作賺錢。憶慧覺得母親真的是很有智慧的人，她的許多話也深深影響著憶慧。

原本母親為了承接裁縫案子，必須親自去客戶家取貨，但後來她的手工做出名聲，客戶都主動將衣服送上門，甚至有遠自其他縣市的人過來找她。母親告訴她：「當你把一件事做到專業，那就不用擔心沒有飯吃！」

憶慧以母親的例子，覺得她若把家教做到專業，也可以成就自己的職涯。

當憶慧對工作選擇充滿困惑時，有一天她問媽媽，到底要選什麼工作好呢？媽媽只告訴她四個字：「莫忘初衷。」這是影響憶慧最重要的一句話，也讓她頓時豁然開朗。

憶慧想起了她擔任家教時心中那種熱情，那是種無可取代的熱情。

於是她下定決心，投入家教事業。

◎找到可以專注投入的一生事業

這不是「重新投入」，因為從十幾歲的學生時期，她就已經擔任家教，到今天都沒間斷。

差別只在，她要將原本的副業變正業。

對此，過往這幾年投入職場的經歷都沒有白費，這些經歷都成為她可以讓家教事業茁壯的養分。

包括在擔任人資工作時期所學到的組織管理，在擔任行銷企畫時的廣宣思維，在從事電商生意時所學到的網路行銷技能，還有這些年在社會累積的人脈，以及與人應對進退的技巧，都彷彿是用來豐富她家教事業的學習歷程。原來，她去外面繞了一圈，就是為了要重新回到她最熱愛的本業。

首先，她要建立自己的品牌。原本家教是打工式的兼差工作，但是憶慧證明，家教老師其實是一個需要專業的工作。既然憶慧有自己獨到的教學方式，也經驗豐富，確確實實成功輔導過許多學生達到很好的成績。最重要的，她教過的學生都對她很信任，家長和孩子都把她當成孩子學習成長的關鍵，往往一個學生在憶慧的輔導下，從小學到中學，連續幾年都接受她的輔導。這樣的憶慧，當然是專業的家教；這樣的憶慧，當然是一種品牌。

改變思維，就改變定義。

家教成為事業，先擁有自己的品牌，剛好同一時期，憶慧的大學同學也想以家教做為職業發展的一環，所以她們兩人一起創了「澄果家教」的品牌，希望教了有成果，成為陪伴孩子的良師益友。透過網路行銷，憶慧也創建了一個家教分享交流社群，透過這個網路，讓憶慧充分掌握了在地的家教師資資源。不僅當她有事（例如出國）時可以很快找到短期代課師資，同時她還可以協助其他家教老師開拓學生群。

所謂心想事成，當憶慧決定要以家教為終生職業後，上天立刻給她很好的回應。

原本白天上班時，憶慧晚上只承接兩三位學生家教，就在她正式確認要離開上班族職場的那個月，許多家長一聽到憶慧辭掉工作，立刻為她宣傳，引薦新的案件。於是很迅速的，憶慧就已經有十個以上的學生。在辭掉白天的工作後，現在憶慧可以更專心的備課。對她來說，每天晚上可以和這些既是學生又是朋友的孩子見面，可以讓他們原本心中的學習瓶頸，在她的循循善誘下，透過自己的思考以及作業練習逐步突破，學習成績也有了增長，這是憶慧最快樂的事。

工作的快樂與成就感，是金錢無法取代的。

現在的憶慧過著規律且愉快的生活。她習慣早起，白天她有彈性的時間讓她自由運用，她有健康的運動習慣，她熱愛學習，過去參加扶青團、演講會，現在會接觸講師社群等，透過社團精進自己的領導技巧與人際互動技巧，期許能帶給學生更專業的內容。她交了很多新朋友，讓學習履歷持續拓展。她還發現了自己的演講專長，因此有機會她也會去演講，例如她曾受邀到大學去為學生上課，告訴學生們怎樣做職涯規畫。此外，她還經常去國小擔任代課老師，由於憶慧的教學能力備受肯定，多年來，她除了擔任家教外，白天的代課也沒有間斷過，桃園地區有十多所學校都邀請她擔任代課老師。

現代的憶慧不再困惑，她知道自己有很多擅長的工作，這些經驗也幫助她現在的主力工作。她總是和學子們分享：

擅長是一回事，喜歡又是另一回事。
人生只有一次，要找到既擅長又喜歡，
並且最好是能讓你充滿熱情的工作。
如果有這樣的工作，那麼，勇敢做自己，去追尋那個你喜歡的工作吧！

陳憶慧的人生建議

◆ 每天當你起床，想到自己今天將面對的工作，你的心情是怎樣的呢？
是「又要一天辛苦的工作，想到就累。」
還是「又是新的一天，反正只是日復一日過同樣的日子。」
抑或是起床後坐著發呆，對未來感到茫然？
如果沒有一個快樂的早晨，那也許你正處在不適合的職場環境。
試著勇敢做自己，挑戰新的職涯戰場。收入雖是現實的，但人生快樂可是一輩子的喔！

◆ 投入行銷企畫的經驗，讓我知曉凡事不要設限，只要突破舊有框框，每件事都有不同可能的發展。

以我從事的家教事業為例，有人問我，家教可以「做大」嗎？只要有口碑，家教為何不能做大？如今我有自己的上課場所，學生家長也願意把孩子送來我這裡。家教的事業，不只是自己任課，還可以透過臉書粉絲專頁來提供諮詢，協助仲介優良的家教，乃至於開設師資培訓班等方法，做種種經營。任何的事業，只要擁有熱情，你肯定可以發現很多的拓展模式。

◆ 掌握趨勢也是很重要的課題。

以我熱愛的家教事業來說，我不僅本身有這方面專業，我也很重視趨勢。以臺灣來說，現在是少子化的時代，大環境學生變少的同時，也代表著家長更重視自己孩子的教育。這樣的情況下，家長願意花更多錢，讓孩子接受一對一的輔導，這就是家教事業的機會。

對於未來，我也掌握另一個趨勢，在歐美地區桌遊很風行，在臺灣，桌遊也越來越流行，我想結合桌遊與教育，成立另一種事業，這是我未來的發展目標。

◆ 總之，做自己熱愛的工作，我天天都很快樂，對於未來，也因此充滿信心。

我衷心希望每個人可以認真思考自己的職涯，找到自己的熱愛，那麼，你的人生將會變得很不一樣。

找到對的方法，勇敢做自己

「曾經我擇善固執，堅持自己的做法是對的，
甚至不惜公然和前輩在會議中對立，
到頭來，理想仍不能落實，只落得人際關係不好。
也曾悶著頭，心想什麼事都自己來就好，
結果每天忙到昏頭，案牘勞形，工作更沒效率。
在職場上如何既表達自己，
又能在不破壞人際關係下，讓事情順利推展。
原來最終的關鍵，還是在圓融的溝通。」——黃柏勳

人是群體的動物，透過分工合作，才能創造燦爛的文明。然而人與人間相處難免會有摩擦，畢竟每個人的出身背景、價值觀不同，人生經驗也不同，當碰到事情時，所下的決策判斷一定不同。

當同輩之間意見相佐的時候該怎麼辦？

當長官下達命令和你認知的正確做法不同該怎麼辦？

當你以過來人身分下達指示，但新人卻不懂你的意思，那時又該怎麼辦？

溝通是個課題，好的溝通讓事情更有效率，不良的溝通則讓事情卡住，甚至可能壞了大事。

如何溝通，是要做自己，還是當乖乖牌？

出身自心理系的黃柏勳老師，對這樣的問題非常關心。

◎八年心理科系扎根研究

坦言在二十歲之前，自己只是個平凡到不行的人，柏勳甚至平凡到想要停下來思考，自己是怎樣的人。

功課總是穩穩的，但沒有到績優的程度；沒特別讓長輩煩心，但也沒有什麼技能特別突出。柏勳在成長時期是個乖乖牌，很認真的照師長吩咐做事，中學也考上了臺南一中，那時就這樣照著「正常的腳步」，反正大家都是這樣一路走來，就跟著大家走就對了。

只是那時候柏勳心中就隱隱有個疑惑，如果人生就是這樣「按部就班」，是不是無趣了些？

那時並沒有人對柏勳提出什麼個性上的質疑，事實上，他的人緣還不錯，只是有時候朋友來找他，和他分享事情，他覺得提不出什麼想法；當他看到朋友難過心情不好時，自己雖然情緒受影響，可是也同樣不知如何是好。

一天一天下來，柏勳覺得，「人」這種生物其實有各種可能，看看這社會上有這麼多傑出的人，他們有特別的人格特質，讓他們做出不凡的事；但也有很多負面的案例，有人傷心崩潰，有人得到精神病症，有人情緒失控做下終生後悔的事。人到底是怎樣的存在？而自己又是怎樣的存在？「我」只是大團體中的一個小螺絲釘，還是「我」是獨一無二的？

因為思考著這樣的問題，考大學的時候，因緣際會之下，柏勳的分數落點可以考取心理系。就這樣，柏勳為了研究自己，更想了解各種人際關係，他考上了心理學系，並且在大學四年後又繼續深造四年，成為心理學碩士。

在心理學這個領域裡，有三大領域，即臨床心理師、諮商心理師，以及研究人類基礎心智歷程的基礎心理學。前二者，都牽涉到一對一的問診，柏勳覺得這類的工作不合他的旨趣，於是選擇第三個，這和他當初念這個科系的初衷相符，他想要了解基本的心理情境，他希望在心理疾病尚未發生前，可以先進行處理以及預防，因為等到事情發生後再處理就比較麻煩。這樣的學問，有助於生活的實際應用，有機會可以協助朋友改善人際關係，而且這樣的學問若應用在商業上，可以透過改善企業內部關係，或者提振士氣……等等，有助企業成長。

基於自己的興趣及實用雙重優點，柏勳投入心理研究，有了八年紮實的心理學基礎。這也讓他在進入職場後，可以用更客觀的角度，看待職場的各種人際關係。

◎如何做好正確的溝通

人與人之間有各種關係，人與事之間也是有各種關係。不同的人與事或人與人之間交錯，更交織成剪不斷、理還亂的關係。

如何讓人與人間交流更順暢？靠有效的溝通。
如何讓人與事間能充分契合？靠正確的方法。

在研究所時期，兩件事對柏勳日後的工作態度影響很大。

首先，他作為一個研究助理，會有雜七雜八的事要忙，他同時是個學生，但又要負擔許多管理的工作。助理其實本身就是教授的祕書，要協助教授進行實驗，整理帳目、討論與整理數據；助理同時也是師資的一環，要協助輔導學生，幫忙督課及改考卷，多半時候，老師因為授課、教學以及校務雜事較多，學生有課業問題，也會直接找助教，不找教授。

那段長達四年的助教經歷，讓柏勳深深感覺，很多時候因為少了「系統」，少了適當工具，會讓一個人手忙腳亂。有時候覺得一天忙下來，一抬頭已經深夜，但問起今天完成什麼事，卻總是模模糊糊，沒什麼清楚概念。

為此，柏勳當年逐漸學會遇到事情先緩一緩。

先想清楚，找對方法，再做事情。

會讓原本一團混亂的狀況得到改善。

而且他還發現：

很多人強調要把事情簡化，結果省了前面，卻讓後頭「治絲益棼」。還不如一開始先花點工夫，辛苦些，最後反倒是情變得輕鬆。

這樣的體悟，對柏勳的工作態度有很大的影響。

第二件影響他的事。

當時系上有一位教授，他的學問紮實，在學術界也名聲卓著。可惜他講課內容實在太過艱深，學生們全都「有聽沒有懂」，這讓所有學生都深深感到苦惱。身為助教，柏勳的任務之一，就是協助學生複習。通常助教會自己再開一堂課，協助學生認識該學科。特別是那位教授的課，根本沒幾個學生能懂，於是幾乎人人都必須再來上柏勳的課，那是柏勳職場生涯第一次擔任講師。

他的任務就是第一次陪學生上教授的課時，和學生一起吸收教授的講課內容，回家後，他用心整理彙總教授的理論，重新用他的方法再傳授給學生一次。透過他「轉譯」的方法，學生最後終於了解教授的授課內容。

柏勳這件事做得很成功，乃至於很多學生都說，他們根本不用去上教授的課，以後就直接上助教的課就好。這件事也讓柏勳體悟到「轉譯」的重要，而所謂人與人之間的溝通，其實也就是另一種形式的「轉譯」。

◎職場溝通的種種難題

離開校園進入社會職場後，柏勳更感受到人際關係的種種，他面臨各式各樣的問題。人際溝通不只牽涉到言語的交流，更牽涉到權力與價值觀衝擊。

老闆與部屬溝通，是種權力；專家與一般人溝通，是種權力；職場中老鳥與菜鳥溝通，也是種權力。溝通也牽涉到利害關係。如果溝通後會影響自己的出路，你會噤聲當個乖乖牌，還是冒險突破自己，搞不好有機會變英雄？

勇敢做自己的結果，是凸顯自己的風格？還是讓自己變成被排擠的異類？

在不同的人生階段，如何做自己也有不同的差異。一個社會經驗不足、見識不深的人，在與人溝通時堅持己見，以為這樣是做自己，到頭來發現自己才是那個不懂事的人，那這時會不會反倒變得自卑，往後都不敢做自己？或者一個人有很深的社會歷練，他有遠見看到別人看不到的地方，當眾人皆反對唯有自己堅持己見時，那又該如何是好？是勇敢做自己，還是少數服從多數？

凡此種種，對於出身心理系的柏勳來說，他想得比別人更多。

剛入社會時，柏勳雖然心中有種種困惑，但他並沒有一個正確答案。

心理系畢業的人出路可以很廣，彷彿什麼行業都可以做，但也可以說除了當醫生外，其他行業都不可以做。柏勳經過幾番考量，後來選擇擔任培訓講師的工作，他加入一家大型的電信企業集團，成為培訓顧問。

一開始柏勳是派遣人員，後來因為表現優異，成為正職人員。到後來，他還擔任小主管，負責南區所有培訓講師的管理工作。

在這家公司，柏勳也逐步將心理系的本職學能應用，特別是在員工輔導關懷，以及講課的時候掌握情緒等方面，他的專業讓他得心應手。

這也是柏勳可以很快轉為正職的主因。

但他後來發現，職場中所碰到的許多問題，不是靠心理輔導可以解決的，而需要更多的人生智慧，那時，柏勳研究時期培養的很多習慣，就派上了用場。

◎擇善固執，或者成為叛逆分子？

剛從派遣人員轉為正職人員那一年，柏勳所屬的單位含他在內共有兩位正職講師，同屬一個主管來管轄。

一方面持續接受培訓，一方面每天也有很多工作要忙。公司對於這兩位講師，採取輪流負責的方式，每個人輪流管理團隊的一段時間，包含訓練、工作分配以及出缺勤管理。

另一位講師和柏勳的個性完全不同，因為過往研究所的經驗，柏勳做事懂得找方法，想有效率的做事。但另一個講師卻是標準的乖乖牌，他總是說：「上頭交代我怎麼做，我就怎麼做，不然出事怎麼辦？」

由於兩人是平行的，沒有統轄問題，柏勳當時就算覺得那位講師的某些管理方法不合理、沒效率，但在和對方講了幾次，得到對方「義正嚴詞」的反駁後，也不好傷了兩人和氣。當輪到那位講師做主時，也只有一切依照他的命令來做，畢竟每位管理職的同仁，因為過往成功經驗不同，所以都有自己一套管理方式，柏勳也不方便直接和主管反應。

直到有一次，柏勳有機會和那位主管出差，在旅途中閒聊，問起這位主管為何交代那位同仁要用那個方法做事？沒想到主管回答：「我又不是站在第一線，我不清楚實際狀況，我當時的建議，只是一種情境假想。」

後來主管仔細追問，了解事情狀況後，感嘆的說：「發生問題要早點說，不要一直用錯誤的方式，浪費了這許多時間。」

經過這次事件後，柏勳更加確認一件事：

決策者不一定是最懂的人，主事者也不定是最了解狀況的人，了解狀況的人有義務要傳達正確訊息給在上者，權力不等於資訊。

當碰到質疑時，評量的標準應該是「如何讓事情做到最好」，而不是如何體察上意，保住自己。

有了這次經驗，柏勳做事的原則，就是以「最終結果最為完美」作為第一優先。但工作經驗還不多的他，也因此做事不夠圓融，發生得罪人的事。

培訓講師的工作，就是透過他們專業的解說，傳達公司指令及專業知識。特別是在電信產業，有各種規格的手機以及日新月異的應用軟體，不同型號、不同規格的手機，同樣的功能卻有不同操作方式。若碰到有人舊機換新機，然後是完全不同的規格，那就是件麻煩事，當年也是手機進入群雄爭霸如火如荼的年代，有 APPLE 公司的產品、有黑莓機、有 Android 系統……等等，如果客戶要做通訊錄轉換，那更是令門市客服人員頭大。柏勳他們的任務，就是透過培訓及教學方式，教導門市人員在第一線協助消費者，並透過開課或現場擔任輔導員的方式，替客戶排解困難。

然而，電信公司本身並沒有一套專業的講師培訓，儘管有基礎的指導手冊，但往往難以彈性應付現場多變的狀況。於是每個講師有自己的講解風格，只要最終目的是傳達正確的資訊，公司也不會特別干涉。

研究所出身的柏勳，很擅長歸納整理，他把原本複雜的手機知識，可以用簡單的方法傳達。但還是新人的他，在職場倫理上必須配合「前輩」的意見。這個前輩是個食古不化的人，只因「以前」講課方式是這樣，他就年年堅持照這個方法做。他實在看不慣前輩僵化的講授方法，於是就在前輩對著所有培訓講師開會命令如何做講授時公開發難，在眾人面前質疑前輩的做法不對，應該改變。這種挑戰權威的舉動，自然引起前輩不滿，有了衝突。

此時柏勳覺得他的方法是對的，堅持做自己。但前輩更是理直氣壯說：「這套方法行之有年了，你一個新人怎可以質疑？更何況你是什麼身分，竟敢和前輩這樣講話？」

當時的柏勳決定擇善固執，完全不退讓，心中已經抱定就算必須離職，也必須表達他的立場。

這個衝突事件後來由主管出面，兩面安撫，最後以折衷方式，勉強讓事件落幕。這件事也讓柏勳深深了解，要做自己並沒有那麼容易。如果勇敢做自己，最終卻讓團體失和，這也不是正確的方法。

經過這次教訓，柏勳也深深反省自己。

◎找出有效方法，提升團隊效率

經過一段時間的磨練，柏勳才逐漸找到可以讓事情推展更順利的方法。

在研究所時期，他學到的兩個做事方法，在電信公司充分運用，但過程中他盡力而為，若已經盡力了卻無法突破，他也就不再強求，選擇「事實勝於雄辯」，或者慢慢溝通的方式。但柏勳絕不和稀泥，絕不會明明知道一件事情不對，卻只因上頭規定怎麼做，他就聽話照辦。如何折衷，方法無他，就是不厭其煩的溝通、溝通再溝通。

能力已獲肯定的柏勳，後來成為一個主管，有他自己的團隊。這時候的他，面對兩面的溝通壓力，一個是向上溝通，一個是向下溝通。

他有好的意見會向上反應，如果上級不理解，他就持續說明。若上級還是有他們的堅持，他只好找出既可符合上意又可提升事情效率的方法。

通常上級只制定大方向，不會規定到每一項細節，對於沒有規定的部分，就是柏勳可以施力改變的部分。

至於對下溝通，同樣也會碰到不少問題。有的同仁雖是部屬，但當年大家是平行的，後來柏勳升官，這些同事仍是資深元老，有自己的一套方式，不一定會聽柏勳的指令。

對此，柏勳也不會選擇衝突及強制命令。

為了讓底下同仁了解他的苦心，柏勳寧願自己加班花很多工夫，做出很好的溝通工具，以事實來說服同仁。

舉個例子，長久以來，團隊之間的溝通是透過 Email 以及面對面命令。但隨著事情越來越多，每個人因為忙碌而無法掌握每一件事情。主管也許忙中有錯，交代事情有誤，部屬也會因時間分配不均，而延誤到重要事情。

一直以來，柏勳就自己擔任起整理的工作，彙整每周、每月要完成的事項，希望讓工作運作更順暢。但要花費太多時間在整理任務、跟催待辦事項上，已經占據太多可以處理別的事務的時間。

就這樣一天拖過一天，整個團隊工作仍處在沒效率的狀態。

終於柏勳決定自己主導，原本就擅長各種３Ｃ軟體（這也是他加入電信公司的主因之一），柏勳後來找到一個他覺得不錯的軟體。由於公司沒有規範這部分的管理事宜，所以柏勳可以自作主張，使用這套軟體。後來實際應用後，果然提升了效率。

起初大家還不習慣，但經過柏勳耳提面命的每天提醒，大家開始使用這套軟體，效果是顯著的。從前都靠 Email 交流，有時候兩星期前交辦的事，兩星期後早就忘了，但現在透過這個軟體，每天同仁一開機，畫面就會主動跳出今天的待辦事宜。

於是溝通更有效率，整個團隊也績效卓著，是全國表現績優的團隊。

不過讓柏勳比較遺憾的，就是大企業的制度比較僵化。雖然柏勳的團隊有優異的表現，柏勳也和上級建議這套系統，但在他上面的長官為免惹麻煩，並不敢擅自把這樣的軟體推廣到其他團隊。

柏勳也只能盡力帶好自己的團隊，對於其他團隊，他無力去干涉。

◎更彈性圓融的工作方式

現在的柏勳，已經比較懂得彈性面對事情。他不把自己想成是想要大破大立的將軍，認清自己的分際，先做好自己團隊的事。溝通是長期的工作，他不想因為太急而帶來反效果。

他也反省自己，知道自己的「轉譯」工作有待加強，這是他需要改善的地方。

但至少對於向下管理以及對顧客管理上，柏勳做得有聲有色。如同當年在研究所，柏勳擅長把教授艱澀的學問，轉譯成讓學生聽得懂的內容，現在在電信公司，他做的也是這樣的事。

各項上級命令以及各種新的手機知識，柏勳一定先將這些資訊嚼爛，透過他的再整理，以清楚的PPT或者文宣展示。

他上課的時候，同仁們都可以清楚了解每個訊息。柏勳的理念是，可以簡單說明的，不要刻意說得複雜，如果可以用一個圖表就傳達清楚的事，何必用「落落長」的話術？

有時候他也會碰到其他講師幹部的反對，對方理由千篇一律都是：「公司規定這樣做，你為何不照公司規定做？」對此，柏勳也只能在不妨礙其他團隊運作下，在自己可以影響的範圍內，努力做好自己的工作。

其他團隊可能用艱深的話術向銀髮老阿嬤介紹手機功能，但介紹半天阿嬤仍是聽不懂。然而透過柏勳的方式，卻可能只要將圖展開，對方就能一目了然。

但柏勳對下溝通的時候，不會一味擺出權威。他自己身受權威的苦痛，知道若上面規定自己要做什麼，但自己卻有不同看法時，那是很痛苦的，現在他不會犯同樣的錯，以為自己才是對的。也許底下同仁的方法比他更好也說不定，所以當部屬有不同意見時，柏勳也會適時嘗試讓對方照自己的意思做，一方面以和為貴，一方面也希望透過不同方法的比較，有一天同仁終究會發現他的方法比較好。

現在的柏勳還很年輕，他知道未來還有很長的路要走。但不論如何，有些事是不變的。

要有做對事情的堅持，但溝通的過程可以彈性圓融。

寧可一開始辛苦先經歷複雜的開頭，換得最終有效率的輕鬆結果。

人生路還很長，但堅持做好自己，這是不變的方針。

◆一樣米養百種人，不要覺得自己一定是對的，
也不要總是想把自己的模式套用在別人身上。
但做事情有一個基本原則，那就是對事不對人，
對不同的人，也許因價值觀不同而做事方法有所不同，
但對事情的共通目標，就是讓事情更有效率的完成，
這點是沒有疑義的。

◆時機很重要，
一個好的建議，在錯誤的時機提出，就會吃到閉門羹。
一個好的創意，過早提出也會因為走在太前面，然後在強烈的反對下黯然退場。
一個曾經很棒的做法，也需要與時俱進，若五年前很棒的方法，以為五年後還可以照用，
往往屆時已經不合時宜。
何時才是最適的時機？
這就考驗著人生的智慧。

◆學心理出身的我，跟大家一樣，我沒特別聰明，也不會說只有自己意見的對的。
但心理學的訓練讓我知道，但碰到事情的時候，懂得用同理心看待事情。

我不會因為被罵就自責，或者因為被罵就懷恨上司，我會讓自己跳脫情緒的束縛，客觀看待事情的本貌。

◆ 我也非常強調，做事情要跳脫人情的糾葛，回歸如何「將事情做好」的初衷。那麼，我相信很多事就可以較圓滿的達成。

不要讓自己被傳統觀念束縛，也不要讓自己被官僚制度綁住。時時思考怎樣做才是最好的，我認為這才是「做自己」最重要的原則。

PART 3
志氣篇

退的哲學，再創勝的境界

「事業成功，難免也會有跌得很慘的經驗，
我是個經歷過大風大浪的人，
三十多歲時，就已經拚到眾人想像不到的財富，
但連我這樣的人，當碰到背叛以及超乎想像的損失時，
也曾因此動了輕生念頭，兩度自殺未遂。
現在的我，重新找回我的司馬懿哲學，
穩定心神迎向另一個東山再起，
只要能找回自己面對未來的勇氣，那燦爛明天就等在眼前。」——吳子龍

坊間有許許多多的勵志書，要人們勇敢、要人們突破挑戰、要人們面對不可能時，努力突破極限，創造新的機會。

這些積極正面的字眼，是許多人成功經驗的彙總，也是許多企業家將他們的真實人生記錄彙整出的智慧。透過種種正面的例子，希望讀者可以得到有助人生成長的金句良言，在碰到生涯轉折時，勇

敢做自己。

大部分的故事，都在述說如何「向前衝」，我們想要在諸多講述如何「向前衝」的故事案例中，以另一種面向思考，在特殊的情況下，有時反倒要應用「後退」及「低頭」的哲學。

這絕不是種退縮，相反的，這是一種「以退為進」的高度智慧。《南齊書．王敬則傳》提到的兵法「三十六計」就清楚表示：「走為上計。」當碰到形勢不對的時候，懂得適時退場、保留戰力留待後續的人，才是最終成功的人。所謂「留得青山在，不怕沒柴燒」。

就連我們想要衝刺跳過一條溝渠，不也必須先後退好幾步，然後才能往前衝一躍而過？

精通面相風水，本身也是創業達人，吳子龍以他精采的人生故事，闡述「適時後退」的哲學。

◎打火英雄轉型創業

論起積極上進，子龍絕對是一個勵志的典範。

小時候他就嚮往當一個英雄，可以扶貧濟弱，透過正義的力量，拯救故事裡總是處在水深火熱中的苦難百姓。當然，隨著年紀漸長，他也漸漸知曉，這個世界是很複雜的，黑、白、灰難以清楚界定，所謂正義，也沒一定的標準。但終究有些事還是共通的，例如當發生災難，就一定要將人命財產損失降到最低，「救人」這件事，絕對是沒有爭議的。

所以子龍這個正義少年，考上警校，之後又投入警消行列，成為衝鋒陷陣、每當有災難就跑第一線救人的英雄。

但所謂「天生麗質難自棄」，天生豪傑也不能受局限。

子龍從小就知道，自己擁有許多傑出的能力。他的學習速度比別人快，出生命理世家的他，自幼就受過嚴謹的訓練，有著正統的風水堪輿以及紫微易經等專業。再者，熱中讀史書的他，不但懂得以史為鑑，還能品評人物、運籌帷幄分析天下事，基本上他可以說是水鏡先生再世。周遭的朋友都愛聽他的慧眼論國事，也喜歡向他諮詢生涯意見。也因為他頭腦冷靜，有前瞻性的思維、邏輯力超強，是個下棋高手，他的棋力已經到達職業級，經常可在全國性大賽中看到他的身影。

這樣子的子龍，終究不能將他的生涯限縮在打火兄弟這樣的角色上，於是他逐步拓展自己的業外事業，在不妨礙執勤的前提下，持續用心學習，以興趣交流的方式，在命理場域以及棋奕場域，經常與人切磋。

大約三十歲時，他覺得救火工作適合年輕人，他們會有更強的體力與反應力，至於他，決心另創自己的事業，透過其他方式來服務人群。

於是，警消英雄子龍，勇敢轉型，成為企業家子龍。

他創立自己事業，打造千萬版圖。

◎青年儒將打造亮麗事業版圖

救火時需要衝鋒陷陣，令人尊敬的打火兄弟們，給人的形象就是雄壯威武，一個個都是英雄男子漢。若以三國人物來比喻，就好比關羽、趙雲，那種義蓋雲天的形象。

子龍，如同他名字給人的印象，也是一個有著京劇中趙子龍將軍般形象，他有著高䠷英挺的體格，以及端正俊朗的面貌。然而實際和他接觸後，朋友們都形容他其實更像是諸葛亮般的軍師儒將，子龍講話溫文儒雅，穿起西裝，更是斯文的企業家。

以自己擅長的專業為基礎，子龍一開始就朝三種不同的領域發揮所長。第一個領域，是家傳的命理。一般來說，命理師會以這個項目為主業，但子龍只將這項專業做為生涯輔助，他會在業餘時間協助朋友解惑，也會透過相人術適度融入其他事業中，但這不是他的主力事業；第二個領域，是以棋奕為基礎，拓展為才藝學習，這是他的主力事業項目之一；第三個領域，則是冰酒，經常為人解惑也經常參與社交活動的他，發覺到「品酒」是有市場的，特別是成功的企業家，當在事業上有所成就，也想追求好的生活品味。那麼懂得品酒、懂得怡情養性，更可以成為全方位企業家。賣酒，是子龍另一個事業項目。

於是，子龍做好優質的時間管理，同步拓展這三個領域的專業，特別是才藝班以及冰酒推廣。子龍善用他原本的識人學及精準的市場分析學，在短短幾年內，成功的開疆闢土，打造出他的小小事業王國。

也許他不是媒體上人人可以叫出名字的知名企業家，但在全盛的時候，子龍每個事業營業額都是數千萬計，並且在大臺北地區擁有四棟屋宅，包括其中一棟作為才藝事業總部。

那時的子龍，可說是意氣風發，事業有成。他的酒類生意還名震大陸，當時他透過與政府相關單位及許多民間團體的合作，成功打造出一個精緻的酒莊，大陸人也紛紛透過各種管道，邀請子龍到大陸去指導。

才三十多歲，這名儒將，如同京劇中瀟灑的孔明，羽扇綸巾，指揮若定，縱橫商場，捨我其誰。

然而，人在高峰時不免得意忘形，就連飽讀詩書、本身也是學史達人的子龍，也在事業成功時，志得意滿，終於迎來人生第一大課題。

◎退一步，是為了打造日後更大的版圖

有時候，當人們事業規模還小時，比較懂得謙虛。那時候，反倒一有狀況就可以即時化解。人的問題，在於懂得看高，卻往往不懂得低頭看。

創業初期，子龍就曾經只顧經營事業，卻沒注意到企業內部發生的問題。

當時才藝學院的主力項目是棋奕，子龍常跟家長們說，一個懂得下棋的人，在其他課業項目上一定也會成績卓越，理由無他，任何學問的基本原則都一樣，只要抓住這個科目的邏輯，就可以駕馭這個科目。好比說數學的公式、理化的定理、英語的文法……等等，只要抓住道理，就可以學習精進。子龍說，下棋就是一種邏輯訓練，當孩子被培養出很棒的邏輯分析能力，那麼想在數理及各個科目得到高分，就不會是難事。

其實，這也是子龍從事各項事業的基本理念，只要抓住一件事物的邏輯，一理通、樣樣通，就可以用最有效率的方法，打造出好業績。

當然，有好的理念，也要搭配專業的明師。子龍其實很會看人，在經營才藝學院的最早階段，他便懂得「山不在高，有仙則名」，他本身就是經常參加棋賽的人，也懂得這領域中誰是佼佼者，請到這個領域中的「仙」來駐守，再加上本身超強的人際魅力，以及行銷打動人心術，創業初期，他的事

業就日有精進，本來只是間小小的學院，後來越做越大，曾為當地知名的才藝學習教室。

然而，子龍會識人，也懂得找人，但他卻犯了一個毛病：太信任人。

當時子龍尚未從警消工作中離開，只以副業的形式經營才藝學院，在他看來，公司業績很好，學生口碑也佳，這是明顯的事實。可是他卻沒注意到，所謂「養老鼠咬布袋」，他找來的人，後來卻逐漸想要奪取他的經營權。

直到後來，公司內部已嚴重分化，乃至於子龍當時重點栽培、對他有恩的員工，都反過來向子龍建言，要子龍退出，他才驚覺已經事態嚴重。

然而許多事木已成舟，子龍可以選擇抗爭，但評估結果後，他發現這樣只會兩敗俱傷，毀掉整個事業。對子龍來說，事業很重要，但孩子的教育更重要，他不願因為經營者的糾紛，導致孩子學習的中斷。何況他的心已死，如果他曾用心栽培的人都來反對他，那他就算抗爭最後得勝又有何意義？

這是子龍創業後第一次遭遇的「逼宮」事件。他的因應方式是急流勇退，當那些「仙」要他退出經營權，子龍直接商談一個價格，很快的退出了。

表面上子龍慘敗了，但實際上，子龍雖退，卻退得有方。他的經營實力仍在，而且他當年已經發現少子化的趨勢，正大大改變整個教育環境。

後來子龍退出那個區域，選擇以鄉村包圍城市的方法，打造另一個品牌。事實證明他越做越好，到後來已經有八個分院。反倒原本的那家公司，那些「仙」自以為掌控大局，想要利潤全拿，沒想到管理營運需要核心技術，不是單靠棋奕精良就可以的。少了子龍這位超級業務，原本公司實力大受影響，到頭來沒能拓展出更大的企業版圖。

反倒懂得順應時勢退出的子龍，東山再起，打造出亮麗的事業。

◎司馬懿的退守哲學

專心投入事業後的子龍，充分發揮了他的專長，不論在才藝學藝領域，或者之後他投入的冰酒領域，他都做得很成功。

已經有一定專業名氣的他，卻一點也不驕傲，非常懂得「低頭」的道理。但「低頭」不代表「卑下」，該堅持的他還是要堅持。

在做冰酒生意時，子龍結合某大百貨集團，在商圈駐點。由於他的生意不錯，竟引來樓管的眼紅，樓管私下暗示他，除了依合約說好的分成外，樓管想要收取額外的「獎金分紅」。這其實就是公然索賄，子龍覺得企業與企業間一切依合約辦事，不該因為他的業績好，就有這些私下的動作，於是子龍悍然拒絕。

結果是，這位樓管找各種時機刻意為難子龍，例如印DM時「忘了」印上子龍的產品，做折扣活動時因「程式疏忽」，導致子龍的客人無法享有折扣的服務。種種的小動作，最後讓子龍的生意開始有了虧損。

子龍不想因此就屈服，不想塞紅包給這樣的人，因此他選擇退出這家百貨賣場。

這次的退出，是種挫敗嗎？

不！又一次，子龍的退出哲學，讓他再次「以退為進」。

退出這個百貨賣場的子龍另起爐灶，打造其他的賣場通路，最後，他的業績反倒變得更好。在這家百貨損失了原本可以賺到的利潤，然而子龍不畏勒索，轉戰其他通路，反而讓他更快成為千萬富翁。

熟讀三國的子龍，談起退後哲學，最愛舉的三國人物就是司馬懿。

在通俗小說《三國演義》以蜀國為主觀點的述事中，諸葛亮是個明星，相對的，司馬懿是扮演反派角色。在故事中，讀者總看到一次又一次的，諸葛亮讓司馬懿狼狽退場。最有名的一幕就是諸葛亮的「空城計」，整得司馬懿貽笑大方。明明手握重兵，都已兵臨城下，司馬懿卻因覺得諸葛亮「畢生不曾行險」，覺得「有詐」，不戰而退。

是的，司馬懿看來一直「退」，但以「結局」來看，司馬懿和諸葛亮對抗，誰是最後勝方呢？當諸葛亮過勞死後，那個經常「以逸待勞」讓諸葛亮累得半死的司馬懿，最終還是保住魏國版圖。晚年他又演出一幕裝瘋罵傻的劇情，騙過政敵，然後來個絕地大反攻，一舉成為魏國最大的勢力，司馬家族最終也成功取代了魏國，成為三國征戰的最後贏家。

子龍認為，做任何事務必懂得審時度勢，當局勢不可為時不要硬幹。如同當年的司馬懿，當諸葛亮大軍氣旺尋戰，他不顧對方一再的挑逗屈辱，甚至對方拿女人的衣服羞辱他，司馬懿說不戰就是不戰。最終諸葛亮糧餉耗盡，只得黯然退場。

在事業經營上，碰到大環境不佳，碰到敵人的形勢比我們強，再硬幹也只會讓自己把老本燒盡，此時還不如示弱退出，他日再出江湖，必將以千鈞之勢奪回優勢。

◎人生的重大打擊

一直兢兢業業，既有產品專業又有行銷魅力的子龍，後來不幸仍栽在內敵手中。

面對公司與公司之間的競爭，子龍懂得運籌帷幄，他知道市場在哪裡，也知道怎樣的產品可以打動消費者的心。

懂得識人的他，在不同領域都能找得到高手，可以讓這些高手和他合作共創高業績。

子龍覺得這世上有兩種人，如何駕馭或與之配合，是種學問：

第一、能力很強的人，這種人有助於事業。但問題是這種人也不甘屈居人後，終究會脫離掌控。

第二、非常忠心，對你誓死效忠。問題是這種人能力往往不夠強，經常想幫忙卻反而幫倒忙，你到底要用他，還是不用他？

子龍一心想拚事業，他寧願選擇信任第一種人，因為第一種人可以幫他創造業績。但怕不怕背叛呢？子龍一心以為，只要用心待人，就不會有背叛。

然而子龍錯了。

就在他努力創業，資產上看億萬時，他發生了人生最大的挫敗，並且是連環爆，讓原本自信的子龍，也在一夕間幾乎崩潰。

子龍的兩大事業，分別與兩個他認為「絕不會背叛」的人合作。第一個不用說，是他當時的女友，也是全權掌管子龍財務的最重要夥伴；第二個基本上也無疑義，是他自己的親戚，從小在一起長大，有血緣關係非常值得信任。

但偏偏就是這兩個人背叛他。

一次，子龍去日本考察市場兼旅遊，由於適逢春節假期，很多資訊無法即時掌握，當時子龍在日本想聯絡臺灣的狀況，但因為假日金融機關休假，當時雖發現有些「怪怪的」，但他絕沒有料到，當他回國時，看到他的資產已經被賣掉，所有財產都被女友捲走，包括才藝教育事業也都已經轉手。一夕之間，子龍一無所有，女友不告而別。

這種像韓劇裡面男主角公司被掏空的老套情節，若真真實實發生在任何人身上，都是難以承受的天大打擊。當他回國那天，走到已經事物全非的建物前，原本屬於子龍的事業，現在都已經不屬於他，有種作夢般的感覺，怎麼這種事會發生在自己身上？即便已經身經百戰，子龍仍愣在當地，久久說不出話來，多希望拍拍臉頰就會「痛醒」，希望這些都只是一場夢。無奈擺在眼前的，就是被搬空的辦公室，以及落了滿地的帳單。

彷彿事先約好般，不久後酒類生意也出了大問題，他的親戚竟然也是捲款而逃，並且在大陸竄改子龍原本的合約，把客戶都納為己有。最惡劣的是，他還把價值千萬的生財器具都賣掉。這也是子龍最不能諒解的，就算捲款潛逃，不該一點後路都不留，竟然連個讓子龍東山再起的工具都不留給他。

這次的打擊真的非常大。子龍甚至連自己的居所都沒有，資產全都被掏空，並且還有不少負債。在心灰意冷的情況下，他選擇跳樓自殺。然而天無絕人之路，子龍從十二樓跳下，結果只掉到下一層的陽臺，受傷但人無礙。

經過朋友勸說，子龍勉為其難找工作再站起來。

子龍不愧是行銷高手，他這次選擇加入銀行體系，成為電話行銷專員，並在短短時間內就成為業績王。原本是擁有龐大資產的老闆，現在淪落到在小小的空間內打電話，但子龍提得起、放得下，就算虎落平陽，他也要展現虎的威嚴。他放低身段，踏實認真的拿起電話簿，每天就是一個一個打，不去想過往曾擁有多少財富，也不去想那些他失去的美好時光。為了生活，就是用心的一通一通電話打。曾經有許多次，同事要下班了，叫他不要那麼辛苦，子龍卻說，這批名單還沒打完，要打完再下班。就是這樣的勤懇努力，讓他成為業績王。

但令子龍再次心灰意冷的是，他雖努力工作拚業績，但因為之前公司被掏空，週轉不靈留下龐大的債務與積欠銀行貸款，無法有現金流的收入，每個月還必須分期固定支出鉅額貸款與貨款，壓力大到難以想像、難以承受。明明他每天認真工作，打造了高額業績，但實際所得卻非常的少。這件事看起來雖小，卻讓當時已走投無路的子龍更是萬念俱灰，他覺得再怎麼努力都沒用了，再次想要自殺，後來被朋友發現才緊急救回。

看起來，子龍已經走到窮途末路了。

真的嗎？

◎他一定會東山再起

終於在朋友的關心與支持下，子龍逐漸找回了自己。

擺在眼前的現實，他資產被掏空了還負債，他被最信任的人背叛，大大傷害他的心靈，但凡事總有好的一面。

一個人的資產可以被掏空，但永遠不會被掏空的是自己的實力；一個人可以遭遇重大的背叛，但永遠不該讓自己的誠信受質疑。

當子龍最落魄時，他真正的好朋友一個個出來，表達他們的關懷。軍警系統邀請他回去再當打火英雄，企業界朋友也表明，只要和子龍做生意，他們都會力挺。

子龍也終於想起了自己的退後哲學。

現在的他雖慘，但何不把自己想成是處在「以退為進」的過程呢？也許這回退得比較後面，但退得越後面，正表示往前衝的力道越大啊！

子龍終於回來了。

他婉拒了朋友們的邀請，他說他想先沉潛一段。他選擇去傳統市場工作，從零做起，擔任一個最基層的勞力工作者。透過協助許多平時有在互動的店家，不論是賣餅乾、泡菜、涼麵、水餃、餛飩等等，他都能靠著專業，讓對方的業績突飛猛進。例如透過他的參謀建議，原本只是做小生意的一家餅乾公司，業績大幅成長，甚至單日收入就有幾十萬。

問起子龍現在的打算，他只是笑笑。

然而從他眼中閃爍的光芒中，朋友們都相信，不用太久，這個沉潛的龍又會騰天而起，寫下另一頁創業傳奇。

吳子龍的人生建議

◆ 人不為己，天誅地滅。

就連我創業，我雖以服務人群為職志，但當然我也追求獲利。只要追求獲利，就一定會和其他人的利益相衝突。我認為，事業的學問，就是當獲利時如何取捨的學問。

當賺大錢時，不懂得與人分享，終將獲得反噬；當賺小錢時，不懂得與人合作，獲利將只是曇花一現；當還沒賺錢時，不懂得變通，那就等著收攤。

所謂變通，包括適時低頭，必要時願意屈居老二，願意讓出自己的利益，只為追求更長遠的收穫。不論賺錢與否，都要守住自己的基本原則，若失去這一點，就失去事業的基礎。

◆人才是公司獲利的根本。

自古以來，「御人術」就是成王敗寇的關鍵，觀看歷史，包括劉邦、劉備、朱元璋等後來成為帝王者，本身都不是文武全才，但所有文將、武將卻願意為他們效命。

最重要的是，這些帝王擁有強烈的魅力，以及懂得善用人才。

我的事業失敗，不怪我不識人，畢竟事實證明，我找的人都是優秀的事業人才。重點是我不懂御人，沒能成功建立夥伴關係。這是我要改善的，也是所有有志創業者要注意的。

◆而今重新站起的我，再次勇敢面對自己，接受自己，必須要再次走出自己。

也歡迎各路的英雄豪傑，與我切磋共創新商機。

具備無可取代的本事，加上找回自己，再次發揮雄心壯志。

相信與我合作的人，將會感受到我事業的無敵魅力。

◆在此也要感謝家人的體諒、二伯母即時的幫忙，還有我的良師益友葉國良博士、張家祥博士的支持與鼓勵，消防隊的好同學、好兄弟沈肇宏、蔡佑昌、陳慶奇等長官救急如救火的協助，以及棋友李慶彥老師的鼎力相助。感謝這群生命中的貴人，感恩。

永遠高於外界標準，做自己，不妥協

「對我來說，做任何事最基本的態度是一致的，今天做一件事，別人可以做到的，你至少也做到一樣，這是基本功；但我對自己的要求，要做就做最好的，永遠做得比基本功要多很多。一旦這樣的態度成為生活習慣，你總是能達成任務，就一點也不奇怪了。」——車姵馠

市面上有許多業務教戰守則類的課程及書籍，以及更多的勵志專書。對許多民眾來說，要追求更好的生活，讓自己在職涯領域有突出的業績，就一定得去經過業務魔鬼培訓，或者經歷過無數次被拒絕的陌生拜訪，最後才能變成一個業務高手。

在金融界服務多年、成績斐然的車姵馠，告訴我們：只要做好「自己」，就可以帶來卓越。並且這樣的卓越，不只應用在業務領域，也適用在所有生活領域。

因為人生，最終來說，就是要做好自己。

◎就是要比別人多一點點

姵馠出生在純樸的南部城市——高雄，她是個平凡人家的平凡女孩，家境中等，老家的教養觀念如同當年大部分父母般非常傳統，覺得女人家學歷不用太高，將來嫁作人婦就好。

即便如今已經在亮麗光鮮的金融產業服務，腦中有著最專業的理財資訊，可是在姵馠的骨子裡，依然是那個純樸的本土女孩，她對生活的踏實態度，從來沒有改變過。

之所以能成為一位頂尖的業務，原本在保險產業服務，還被銀行高層挖角成為投入專業理財領域，她的成長過程，完全不是受到什麼專業業務培訓改造，事實上，姵馠還經常覺得那些業務教戰守則讓她做事卡卡的，多半時候，她還是用自身原本的方法來服務客戶。

當把「做自己」這件事做到好，自然而然就成為一個專業的人才。

在三十歲前，姵馠從來沒有擔任過業務，她的職場經驗全都是內勤工作。

她的本科專業是會計，不過並不是因為她熱愛數字，而是那個年代大部分念職校的女孩都這麼想：「要念就念會計吧！因為各行各業都需要會計，因此絕對不會找不到工作。」

頭一回領薪水，擁有自己掌控的收入，是在她十六歲的時候，那年姵碒國中畢業準備考試升高職，在那大約半年的過渡期，她去一家租書中心打工。

雖然只是工讀生，但姵碒覺得這個工作帶給她一生很重要的影響。因為不管怎麼說，她當時還只是個單純沒見過世面的少女，在那個對人生充滿好奇卻又蒙昧無知的成長階段，當時種下的任何觀念，都和將來人生路有關。

姵碒覺得自己很幸運，在那一年影響他最大的事，是閱讀。

租書中心相對於其他工作場合來說，是個比較單純的地方，每天來的大部分是老顧客，他們只是來租書、看書，也不需要太多的店員服務。姵碒的工作非常輕鬆，只需做做登記、泡杯紅茶給租書客就好，甚至上午時段還經常沒有客人。當閒著無事時，姵碒可以做什麼呢？她就不斷的閱讀、大量的閱讀。

一開始只是隨便翻翻雜誌，看到有興趣的文章再讀，但越讀就會發現越多想知道的資訊，基於好奇心，她會繼續翻閱其他書，想認識更多。就這樣一本接一本，姵碒竟在那半年時光，幾乎讀遍了租書中心裡所有的書刊。

這些書籍雜誌內容可真是琳瑯滿目，包括機械、園藝、健康、美容、命理、社經、科學、生活常識……等，姵碒完全不設限，在那段安靜的工讀時光，她就這樣邊看顧著店面，邊樂此不疲的對知識持續吸收再吸收。

當時她純粹只是喜歡看那些新知，後來她才知道，這件事帶給她人格特質最大的影響，就是她永遠讓自己胸中有物。透過學習，她永遠讓自己比客人想知道的還可以提供更多。

我知道的永遠比別人多，就算只多一點點，也可帶來決定性的影響。

假定有兩個業務，他們有著相當的資歷，對公司產品也都有基本了解，

但其中一位可以跟客人多聊一點點，另一位就只是照本宣科，

最後當然那位「多一點點」的業務會勝出。

姵辭從那年起，不知不覺成為一個「人緣吸引機」。她還是原來的那個純樸女孩，也從不刻意想去營造什麼人脈圈，只不過她日後無論從事什麼領域的工作，她的工作表現總是比別人好，總是吸引更多的客人。

關鍵之一在於談話。跟姵辭談話總是愉快中帶點驚奇，無論聊什麼話題，她都可以很「懂你」。曾經有重機族的客人和她買東西順便閒聊，無意間發現，姵辭竟然連各種重機的術語也都懂，瞬間拉近了她與客人間的距離，自然而然也帶給店裡更多的生意。

直到三十歲前，姵詥不論轉換到任何行業，擔任的都是內勤。但她其實已經深具業務的特質，但完全不是來自業務培訓。

姵詥只用心做一件事，就是「提升自己」，增加自己的價值。

◎超越客戶標準的「本分哲學」

不必趨炎附勢，更不須逢迎巴結，姵詥從來不做任何刻意討好別人的事。

一方面，原本姵詥的個性就不是八面玲瓏型的人；二方面，經過長年的閱讀以及更多的人際見識，姵詥深深了解，在職場上，不論是上司或者客人，他們最需要的是你的專業，而非你的諂媚。美麗的外表及甜言蜜語或許可以帶來一時的風光，但路遙知馬力，最終還是以服務的實際品質做驗證。

念職校時，姵詥半工半讀，晚上念書，白天在一家工廠做會計，這是一家做排風機的傳產廠房，是個家族企業。老闆每月支付她的薪水還不錯，比當年一般行情要高很多。為什麼呢？因為姵詥一個人可以當很多人用，大大減輕老闆的負擔。她既是會計，又可接待客戶，不但可以綜理廠房雜務，還能騎車跑外面。

姵詥不是天資聰穎，她只是做好基本功，加上比別人多一點認真。別的會計可能只是記記帳，但姵舲覺得她既然在工廠工作，就要真的了解這個工廠的業務，包括各種機器規格，以及針對不同場所適用的機型，這些都是「基本」要知道的，反倒她覺得竟然有那麼多人在一家公司工作，卻對自己公司所從事的服務品項及產業沒有深入認識，這才是令姵舲最訝異的事。

高職畢業後，姵舲跟著一位在租書中心認識、大她兩、三歲的姊姊去臺南工作。當時她們承租了店面，經營服飾品零售。不意外的，她們生意興隆，一個才不到二十歲的女孩，她當時已經月入高達六位數字。那年頭不時興什麼行銷，她們的店面也沒特別打廣告，但每天就是人潮不斷，不同季節賣不同的衣服，都一樣銷路很好。

問起原因，姵舲總謙虛的說，那是因為當年適逢臺灣景氣起飛，所以人人荷包比較滿，有財力可以 Shopping。但同樣是開店，還是很多店家的生意不好啊！真正分析起來，店的「賣點」還是來自姵舲這個人，她的服務總是比別的店員多那麼一點。

別家店店員只會制式的拍馬招式，碰到每個客人都說同樣的話，都只會千篇一律的稱讚：「小姐妳穿這件衣服好美！」相對的，姵舲不愛虛偽應對這套，她總是站在客戶的角度告訴客人，她比較適合穿哪一種衣服，在聊天的時候，她懂得對應客人本身，而不是專注在「趕快把衣服賣掉」這件事上。也因此，客人都喜歡和姵舲講話，老客人不但持續回流，還會再帶來新客人，店面的生意當然興旺。

二十三歲後，姵餄去到臺南一家企業上班，這又是個新的模式，不同於過往的工廠或是小店面，這回是在一家員工數百人的企業集團。但「一理通，處處通」，她從來就不必為了進入不同公司而刻意改變什麼，只要持續增加自己的價值，自然就可以在公司做到令人滿意的表現。

學歷不高的她，剛進公司時只是基層的倉管會計，但才兩、三年的時間，她已經升任公司的廠務董事祕書。這個二十幾歲的女子，不懂英文也從沒有在任何中型企業以上規模公司上過班，何以可以表現如此亮眼呢？

對姵餄來說，她也同樣覺得奇怪，她只是做好本分工作，這麼基本的事，為何那麼多人做不到？直到這個時候她才逐漸發現，自己從少女時代以來，已經為自己訂下比別人嚴格的做事標準，乃至於她幾乎可以不用煩惱任何一家公司的標準，因為她的標準永遠比公司的標準高。

這樣的事對她來講很自然，一點也不勉強。做員工的本來就該對公司產品有充分的了解，當做為新人時，初始就要比別人花更多工夫，學會公司所有的產品資訊。做任何事時，本來就該想好每個環節，公司付你薪水，本來就是要請你發揮最大的功效，所以把事情做到最圓滿，完全不讓主管有任何需要事後糾正的事項，這都是「本來」就該做到的。

一點也不奇怪。

可以說，這是姵豁的「本分哲學」。

乍聽之下，她的「本分」似乎等同於一般人的「做好自己分內的事就好」，然而實際上認識她就會發現，她對自己的期許之高，乃至於她的本分已經涵蓋了各種專業，大大超乎公司以及客人界定的標準。

姵豁永遠做好自己的本分，讓自己的能力充分發揮，她的成功及受歡迎一點也不僥倖，全是努力得來的。

◎從做好自己，到造福更多人

認識姵豁的人都知道，這個女孩始終如一，堅守自己的原則，客戶永遠不用擔心她的服務品質變質，因為她永遠做得比客戶原本想要的多。

三十歲以前，姵豁已經充分擁有自己的風格，她有自己的一套人生哲學，用在職場上，就是「嚴以律己」，讓自己達到比工作應有的水平更高的位階。

也因為如此，姵豁從最早的認真做好公司交付的任務，後來逐漸有了這樣的思維：「我要讓自己的價值更高，才能讓自己的工作能力更強。」這也促使她後來重回校園。在二十六歲那年，她考上文藻學院，主修英文，副修法文。因為她知道，知識就是力量，而有了語言，她就可以吸收來自全球的更多知識，讓自己更有國際觀。

大學時期，姵谽仍是半工半讀，她選擇在一家旅行社上班，並且事先和老闆做好承諾，她會認真完成公司交辦的任務，不讓老闆操心，並且保證做滿四年，不會中途離職，帶給老闆困擾。但她也言明，她為了念書，必須準時上下班。

老闆說：「只要妳保證不會做沒幾個月就落跑，我就立刻錄取妳，也同意妳的條件。」

就這樣，姵谽進了旅行社擔任會計，也信守承諾，一待就是四年。如同可以預料到的，後來姵谽不只做好會計的工作，也協助旅行社很多事務。當四年後姵谽大學畢業，離開原工作崗位準備投入其他行業時，老闆對她真的很捨不得。

專業人才易尋，用心做事的人難覓。

姵谽是用心工作的人，她與旅行社保持長遠的友誼，但此時她的生涯有了很重要的轉折。人生第一次，她選擇工作不再是找會計相關，這回，她要找的是保險工作。

很少人像姵谽一樣，主動尋覓保險業務的工作。過往從來沒有擔任過業務職的她，因為體認到保險這個行業很重要，才決定踏入這行的。

姵谽在旅行社服務時，有一位很要好的女同事，因為難產不幸離世。姵谽當時感到深深的難過，那是種強大的無力感。當好朋友碰到生命中重要的打擊，她所能給予的也只能是一個白包，但往生者家人真正需要的，她卻幫不上忙。

那天回家後，姵谽哭了很久。她頭一次覺得過往的人生思維尚須調整，她對原本「做自己」的定義有了重大的反省。她覺得過往這樣「做好自己，表現卓越」還是不足的。她要求自己是可以「做好自己，幫助更多人」。

抱持著這樣的信念，姵谽畢業後積極主動找尋保險產業的工作，但一次又一次的讓她感到失望。姵谽的條件很好，保險公司都很想將她納為新血。她印象很深刻，有一次去一家保險公司面試，當人資經理熱情邀約她加入，姵谽說：「可否讓我問業務部門主管一個問題？」

當時保險公司正舉辦業務增員講座，姵谽就直接請教同時也是培訓講師的業務經理：「如果理想與麵包有了衝突，你會選哪個？」

講師回答：「當然是麵包，我們要讓每個業務員過最好的生活，這是我們公司的期許。」

姵谽當時不顧大家都在看她，很憤慨的對講師說：「經理，你錯了！如果我們是在賣房子、賣車子，那說為了麵包還情有可原。但我們是在賣保險，是要對一個人的一生負責的。一個保險業務員，怎可放棄自己的理想？如果我們只顧自己的麵包，要保人卻將一生託付給我們，這對他們來說情何以堪？」

邊講邊想到那位因生產而身故的旅行社同事，如果每個保險業務員都是這樣的思維，那怎能期望當保戶發生事故時，得到最好的照護呢？

當下姵谽哭著離開保險公司，她太難過了，一路騎車哭著回家。

那真是姵谽很低潮的時刻。

在過往的人生中，她從來不會被工作困難打倒，也從來沒擔心過業績達不到。但關於理想的實現，關於人格與承諾，這點姵谽絕不願意妥協。

她對保險業幾乎徹底失望，直到後來因緣際會遇到了保德信人壽。

姵谽說她「面試」了許多家保險公司，只有保德信的經理是真正坐下來談理念的。事實上，保德信的經理一看到她，就覺得姵谽根本就是典型的「保德信人」。他們都同樣是以客戶能得到什麼為主力考量，而不是以業務員做多少業績為打拚目標。

即便如此，姵谽還是差點不能錄取，理由是有個人事主管在面試過程中，覺得姵谽這個人「太大愛」了，他研判姵舲可能很容易因此受傷，在做保險業務的辛苦過程中可能撐不下去。但最終姵舲還是錄取了，最後主審官錄取她的主要理由，是因為她覺得姵舲這個人「很真誠」。

終於，姵舲進了保德信大家庭，人生第一次成為業務人。

事實證明，這個真誠的人，做人做事光明磊落、始終如一，她自然而然散發出來的親切氣質，讓顧客一見到她，就覺得她是真心在為客人著想，而不是只想拚業績。

姵舲創造了業績紀錄，從到公司報到那個月開始，她連續五十個星期，每星期都完成至少三張訂單，從沒中斷過。

在保德信服務了五年後，姵舲不僅在保險業得到認真踏實的信用，也獲得了許多客戶的肯定，主動介紹客戶給姵舲。後來在一次公司與銀行的通路合作案中，被喻為最佳人選的她，毅然轉行投入銀行業，此舉跌破許多同事的眼鏡，認為她都已經在保險業打了很好的基礎，為什麼要選擇離開，進入一個完全陌生的行業，重新開始呢？那時姵舲的回答是：「我想要學習更多的能力，可以提供客戶更多元及周全的服務，也想要挑戰自己的另一個不可能！」

秉持著一貫的信念：「要做就把事情做到最好，這是對自己最大的負責。」姵舲做事永遠比別人認真，總是準備最充分的資料，用心站在客戶的角度想事情。

不意外的，她再次成為業績王，只用了半年的時間，就完成銀行的整年度業績額。

每當有同事請益，她怎麼辦到的？是在哪個學習單位做過業務培訓嗎？姵畬總笑笑的說：「有沒有培訓不是重點，能不能做好自己，才是重點。」

今天，你對自己的工作成績滿意嗎？如果不滿意，有沒有檢討為什麼？也許關鍵原因，就在於你沒有好好「做自己」。

努力增加自己的價值吧！這是我們來到世間最大的義務。

車姵畬的人生建議

- 賣東西時，我賣的重點不是產品本身，我賣的是夢想。我希望這個產品帶給你美好的生活。
- 我對於簽約總是很慎重，我覺得簽約是把承諾交給你，不論是對客戶或對公司都一樣。以公司來說，如果一家公司無法承擔起我的承諾，那對不起，我將選擇另謀高就。
- 我忠於自己的原則，我覺得這是做人最基本的要求。以業務工作來說，我三十歲後第一次做業務，就成績斐然。別人以為我是業務經驗豐碩的老業務，其實我只是秉持著真誠態度服務客戶。

◆ 做業務也如同做事一般，要有自己的原則與理念。我初始賣保險時，公司規定要我照著公司的方式講，結果我講得卡卡的，就是很不自然。後來我還是選擇照自己的方式，只要大方向不違反公司規定，結果我做得很好。

事實證明，做自己，是成功的不二法門。

◆ 多年來，我在不同行業，也看到許多人性黑暗面，許多人講話及做事都是有目的性的，為了要你掏錢就討好妳，或為了謀取你的某個好處，事先釋放各種甜頭。我仍舊覺得，真誠做人才是久長之計，用盡心機最終只會落得一場空。

◆ 現在的我，除了做好自己，也希望可以幫助更多人，所以我投入像是「益師益友」這樣的勵志團體。我總是跟朋友說，我很重視感覺，感覺對了，要我兩肋插刀都可以，但你如果讓我看不起，我不會想為你做事。人是互相的，你敬我三分，我會還你十分。我採用的不是對價關係，所謂對價，是你給我十分，我也還你十分，但我的作法卻是你願給我三分，我可以給你十分。

◆ 總結來說：做人要對得起自己，求人不如求己。

每次的轉型都讓我變得更好

「記得剛進入銀行業時，從不懂什麼是投資，
每天晨會做分享，同事們彷彿都等著看我笑話，
我告訴自己：
『人生什麼時候開始都不晚，就怕自己沒有勇氣面對自己，
人必須為自己而活，而且要活的精采。』
而今，我的生涯已經又攀升到另一個新境界，
回首來時路，每一次的轉折，都是一種生命無與倫比的精采。」——邱莉倩

人生是一個又一個階段的構成。

有的階段是早已被界定好了，例如：何時念小學、何時念中學，如果是擔任公職，則會有大致的職等晉升規範。

然而大部分時候，人生的轉變，沒有人給你設下規定與界限。

沒有人規定你工作幾年要轉換跑道，或者工作經驗累積多少時，才可以再上一層樓。

也沒有人保證你離開這個階段換到下一個新階段，一切會順利圓滿，如果轉型失敗，責任一切要你自己扛。

這是人生永遠的難題。你不能一直守在原地到老了才後悔，也不能一直心境處於驛動狀態，做一行怨一行，到老仍然一事無成。

怎樣突破自己，再造新的境界呢？兩岸知名的金融理財專家、同時也是生涯規畫講師邱莉倩，有一套很能作為典範的人生成長學。

◎培養獨立自主的習慣

經常心存感恩的莉倩，每當談起她的生涯，第一句話一定是感謝她的父親，因為父親的教導，讓她從小就擁有獨立自主的能力。

莉倩是土生土長的高雄人，在三十歲前，很少去到外縣市，連結婚也是嫁到高雄鳳山。此外，在臺灣工作的時候，大部分也都在大高雄市轄境內。

雖然出身在農家，但莉倩童年時的家境不錯，而且在傳統觀念仍是男尊女卑的年代裡，她的父親並沒有這樣迂腐的觀念，不論男孩、女孩都用心栽培。父親當年就讓她去學鋼琴、學畫畫、學舞蹈，在她十歲那年，還買了一架鋼琴給她，這在當年農村還是地方上的新聞。

莉倩很感恩父親，因為父親不但讓她可以充分得到學習的機會，接觸到各種不同可能的興趣，父親給她最重要的觀念，就是做人做事要能獨當一面，也告訴她每個人都要有一技之長，當碰到各種大環境的改變時，一個能夠獨立自主、有技能在身的人，就永遠不會感到害怕。

莉倩一生都謹記這樣的教誨。從小，她就沒有依賴的習慣，碰到問題，第一件事不是想要逃避，也不會徬徨失措，她懂得善用手邊資源，碰到困難時，可以解決的不要拖，若已經盡力了還是沒辦法，至少已經嘗試過了，也不會後悔。

到了中學時代，父親因經商失敗，家道中落。但已經被訓練得很好的莉倩，不會覺得整個天塌下來似的無助，相反的，身為長女的她，心情調適得很好，一邊照顧好底下的弟弟、妹妹，一邊也思考著未來的路。她知道她的學習生涯要有所改變，她也坦然面對改變，曾經是資優生的她，願意為了現實做調適，改念夜校，過著半工半讀的生活。

白天她在傳統產業做著行政助理的工作，晚上則在夜校念書。

莉倩從小已養成深思熟慮的習慣，她不會好高騖遠，也不會故步自封。她知道她需要累積工作經驗，雖然行政助理工作的薪水既少，又總是做些雜務，但她認真本分的做好各項交辦任務，不會抱怨也不參與公司的嚼舌根隊伍；白天工作、晚上上課比較累，她也從沒有退縮，因為她知道基本學歷很重要，將來要往上爬，就要把基礎打好。

就這樣，二十歲的莉倩學成畢業，也有了一定基礎工作歷練後，她知道是要轉型的時候了。

◎選擇，需要智慧與勇氣

什麼時候該轉型？轉型的時候又要選擇什麼道路呢？

常見的情況是這樣：如果工作環境非常安逸，做起事來得心應手，那麼當事人會「捨不得」離開，這就是所謂的「舒適圈」。若一個人永遠處在自己熟悉的領域，將得不到學習成長機會，人生格局有限。此時萬一發生突發變局，例如大環境景氣很差公司裁員，往往一個一直處在舒適圈的人，會在變局後不知所措。

另一種情況是，若一個工作未如己意，當事人對這不滿、對那也不滿，有的人動不動就想換工作，這樣的人可能會被原本潛在雇主視為「流動性太高」，換來換去，最後什麼都是半吊子，越換越失敗，直到換無可換。

何時該跳出舒適圈？何時該學習忍耐迎接原本工作的挑戰？種種的選擇，都需要智慧與勇氣。

邱莉倩的轉型，總是有三個基本原則：

第一、她知道現在所處的階段，已經到了一個分水嶺，往上已經到了盡頭，或者這個行業已經處於一個瓶頸。

第二、她已經做好充分準備，可以面對新的挑戰。

第三、她有著一致的信念，要做一件事就要做到最好，當離開舊公司時也是不斷被挽留，好聚好散受尊敬的那種離開。

原本擔任行政工作的莉倩，知道她不想要成為傳統產業裡一個只能領有限薪水的上班族，若要迎接更有挑戰的人生，她一定要轉換新跑道。

隨時都在吸收新知的她，知道最有挑戰性但也最有可能創造高報酬的行業，就是保險業。於是過往從沒有業務經驗的她選擇面對挑戰，加入保險產業。

這的確是個很有挑戰性的工作，許多人受不了收入不穩定以及需要做陌生拜訪的壓力，因此在這個行業中，有很高的「新人陣亡率」。但莉倩在這個行業做得很好，她雖然學歷不高，行政助理出身的她人脈也不廣，但她有兩大優勢，讓她在這一行年年成長。

首先，她非常懂得自律，總是用比較嚴格的標準要求自己，她懂得面對挫折時不讓自己躲到逃避的殼裡；再者，她有根深柢固的信念，做任何事就要把那件事做到最好。這個方法不對，就換另一個方法，她絕不會一碰到挫折就被打敗。

保險工作一做就是八年，在這段期間她也結婚生子，在工作上長年表現不差，曾經入選高峰會會員，並拿到不少的業務獎項。

八年後，她心中的聲音響起了，這個工作已到了「轉型點」，她要開始去尋找新挑戰。

那年她正懷著第二胎，也在那個時機離職，專心在家帶孩子，以及思考未來。

◎做好準備，勇敢轉型

轉換跑道的原因有很多。

有人嫌這家公司不好，跳槽到另一家，但原本轉職前的問題沒解決，換來換去，仍只在舊有格局裡打轉，虛耗光陰。

有人只求能有收入維持溫飽，轉職只是到處灑履歷表，哪裡肯用他，他就去哪，一生隨波逐流，到老也沒個成就。

莉倩不同，她每次的轉職，絕對都是經過充分準備，看準下一個戰場。也因為她總是信心滿滿，準備周全，所以她每次轉換跑道，都能夠過關斬將，進入她想要進入的新場域。

離開保險公司在家帶小孩那年，莉倩沒有丟掉保險的東西，她反倒利用這段時間，複習過往八年習得的保險知識，並且把她過往從事保險業務的經驗，彙整成實用的教戰守則和簡報筆記，這些資料都成為她日後轉職的無價之寶。

在準備資料的那一年，她也時時觀察整體社會的動態。那年她三十出頭，整個金融環境正發生劇烈的轉變，各類金融商品的整合已是大勢所趨，金融從業人員若手中沒有兩把刷子，是無法應付時代變局的。也正因為如此，各大銀行想要提升自己，各類金融商品，特別是保險商品，正是銀行最缺的一塊，但銀行卻苦無人才來補足這一塊。

看準這樣的趨勢，莉倩很快就找到她想要進去的銀行。她的背景是擁有八年豐富的保險經驗，這部分完全沒有問題，銀行比較擔心的，是她有否「培訓」的經驗。在這部分，之前莉倩所準備的資料便派上了用場。

面試時，莉倩拿出她準備一年的各種保險知識彙整資料以及教學話術，她還透過製作嚴謹的ＰＰＴ，充分展現她所學。面試歷時三小時，雙方會談愉快，剩下的的就是如何實作，當場還找來銀行主管及行員讓她示範講演。莉倩過關了，她用實力證明，她可以有系統的對完全不懂保險產業的銀行行員，闡述保險的觀念與實務，自此，莉倩順利轉換跑道，加入銀行體系。

莉倩總是觀念跑在最前面，當金融體制發生變革時，當年她是保險業界第一批懂得轉換跑道，從保險產業進入銀行的人。

事實上，當金融觀念改變的那年，銀行業人心惶惶，許多人選擇離職，紛紛離開銀行，莉倩的同事也都勸她不要冒這個風險，人家都在逃離銀行了，她怎麼反倒一頭栽入銀行？

但後來事實證明，有計畫、有準備的生涯轉換，做了就不會後悔。

莉倩之後在銀行產業服務了八年，成績斐然。

◎成為全能的金融專家

轉型不會只有一次，通常一個職涯人的一生中，會經過許多次轉型。模式不一定，有的是在原來的產業步步高升，例如有的人從事電子商品買賣，從基層的助理，到後來自己創業當老闆；有的則是累積不同的能力，轉換到不同的產業，產業雖然不一樣，但彼此間一定有某些連結，這些連結正是轉型升級的重大關鍵。

莉倩正是如此，在當年保險公司和銀行算是不同型態的公司，但彼此又有關聯，同樣都是金融產業，莉倩掌握的正是產業轉換時，她獨有的Know-How，所以她成功了。

剛開始，當然也有很多負面的聲音。

莉倩也不諱言，一開始進入銀行產業時，有許多人都等著看笑話。畢竟莉倩只是個土生土長的臺灣人，學歷也不高。相對的，那些銀行行員許多可是留學歸國的ＡＢＣ，最起碼也是國立大學金融科系畢業的高材生。莉倩這個非正統銀行界出身的人，可以搞出什麼名堂，大家倒要看看她有什麼樣的本事？

於是莉倩真的嶄露她的「本事」。

她不僅透過講課培訓，用專業的保險知識，讓那些原本只懂存款以及基金操作的銀行同仁開了眼界，她還實際陪同銀行理專跟保險客戶商談，實際面對問題，並實際幫助理專解決問題。她從來不會只躲在幕後，靠理論過活，她教授的知識務求實用，也由於她願意真正的走到第一線，這讓她贏得了尊敬。

就這樣，莉倩在銀行站穩腳步，成功結合了保險和銀行金融，成為一個專業的的全能金融人。

這之後，配合銀行的職務歷練，很肯學的莉倩，從不排斥任何工作，她做過理專，後來從基層理專升為理專主管。她除了擔任銀行內部的培訓講師，也負責管理職，曾被指派擔任分行經理，並做到一個分區的主管，主掌嘉義以南的培訓工作。

她的基本理念是一致的：獨立自主、面對挑戰、當改變到臨絕不害怕。許多行員很排斥轉職，她們喜歡在同一個職位待下去就好，都已經熟習的業務，何必換呢？所以一聽到要被調職，就感覺如同青天霹靂。但莉倩從沒有這種擔憂，她歡迎任何的轉職機會，可以學習到更多金融技能，這是大大的好事，為何要排斥？

也因為如此，八年期間，原本不屬於銀行界的莉倩，已經被磨練成為一個真正全能的金融高手，各種銀行實務都難不倒她。

以此作為基礎，莉倩有了下一次轉換跑道的本錢，於是她再次的轉型。

◎提升自己，要不怕冒險

莉倩到目前為止的生涯「大改變」，一共有三次。每一次的改變都需要具備面對挑戰的勇氣。可以試想，當我們站在她的位置，在那個關鍵時刻，有沒有勇氣改變？

第一次轉型：由傳統產業坐辦公室的人，轉型為業務性質的保險專員；

第二次轉型：由已經服務多年的保險公司，轉型為銀行的培訓顧問；

第三次轉型：由安定高薪在臺灣的銀行主管職，轉型為進軍海外的金融講師。

每一次轉型都代表著跳離舒適圈，而且有著高風險。多半人在轉型前會害怕的一件事就是：「萬一做不好怎麼辦？我不就兩頭空，面臨失業的困境？」

就因為有太多的「萬一」，所以許多人寧願固守原本「不滿意但尚可接受」的職務，也不肯讓自己冒一下險。所以這世上有些人成功，有些人卻總是只能乾羨慕，關鍵就在這裡。

對於轉換，莉倩曾經和朋友這樣分析。

她說，害怕是人人都會的。好比在銀行業時，有客戶問她，投資基金會不會有風險？她回答當然有風險。客戶此時表現出憂慮的樣子，直說怎麼可以有風險？莉倩便問他，如果這世上有「完全沒風險」的基金，那歡迎客戶轉換理專。

與其害怕，不如接受現實，知曉未來一定有挑戰。

再來就是看你是否願意突破自己既有的框框，勇於迎向嶄新的人生。

在銀行界服務八年，莉倩已經是金融界的資深專家，當然這不是用「年資」計算的，而是靠實力累積出來的。同樣工作八年，有人就和剛入行時的能力差不多，頂多蓋章的速度快一點，莉倩卻是不間斷的進修學習。包括她發現銀行的專業，單靠她的工作實務尚有很大的瓶頸須突破，這瓶頸是來自於金融基本學識的不足，於是她毅然決然決定再去升學，經過了用功研習，考上了國際企管研究所，兩年內修習完ＥＭＢＡ。

對於白天擔任主管，夜晚還要照顧家庭的她來說，這並不是容易的決定。從入學前要花很多時間準備課業，經過筆試、口試才能錄取。兩年的學習期間，莉倩決心念書不要拖拖拉拉，不像有些人研究所可以讀好幾年才畢業，莉倩決定讓自己在兩年內取得學位，這些都需要很大的毅力才做得到。

而莉倩真的做到了。

過程中很重要的一點是，她誠心的和家人充分溝通。第一要取得先生的諒解，很幸福的，莉倩的先生一向支持妻子的決定，他不但肯定莉倩的學習上進心，也盡量不干擾她學習，有時候怕吵到莉倩準備課業，先生還會帶孩子去外面走走。

對於孩子，莉倩夫妻也教導得很好。承襲家訓，現在莉倩也鼓勵自己的孩子，凡事不要依賴，做事要主動，面對問題先想解決方法，不要一味找人求助。

就是這樣，莉倩在無後顧之憂的情況下，後來順利考上ＥＭＢＡ，同時在銀行工作表現上也依然可圈可點。

就是以這樣的基礎，她做了下一次轉型。長久以來，她一直在留意大陸金融和臺灣的差距。也逐步發現，比起大陸金融市場，臺灣在科技方面是嚴重落後的，但相對的，大陸金融科技雖領先，但金融人才卻比較弱。

這就是莉倩轉型要切入的點。

◎人生，要對得起自己

二〇一五年，四十多歲的莉倩，再次迎向新的挑戰。這回她不只是轉換公司，她還飛出臺灣。過程中同樣要經過重重難關，好比說，一個臺灣來的銀行專家，怎能證明自己可以帶領大陸的銀行理專或者保險業務員做出改變？一個中年弱女子，怎能證明自己可以一個人離鄉千里，到新環境面對一大群文化習慣不同的陌生人？

這些都是挑戰。但人生不就是這樣，每個挑戰背後，就是一個新天地，一個新境界？

如今，莉倩是個典型的空中飛人，她一年有大半的時間都在大陸服務，她去過的地方很多，比她過往四十年去過的城市加起來還多。

同樣的，她的成績有目共睹，成為臺灣經驗大陸發光的典範之一。

很少人，特別是已有家庭的婦女，能夠在中年時代做這麼大的轉型，但莉倩做到了，並且不需要犧牲家庭幸福，也不需要和任何舊同事有不愉快關係。她就是把自己做到最好，然後在新的領域裡發光發熱。

你，害怕面對未來，害怕轉型嗎？

那麼請你想想，若你不轉型，你的未來會是怎樣？這樣的未來會是你要的嗎？

在不同的產業、不同的公司裡，莉倩看到太多的職場負面生態。毋寧說，這是業界的常態，那就是：碰到不滿意，不思突破，只會抱怨，彷彿光靠抱怨就可以把事情化解。

問題不處理，當然不會化解。於是抱怨歸抱怨，第二天還是選擇去你抱怨的地方上班。一個月如此，一年如此，十年還是如此。

這樣一天過一天，是你想要的生活嗎？

莉倩希望以她的經驗和大家分享：

若覺得時機到了，
包括，當你覺得現在的工作已經無法再滿足你的學習欲望，
現在的工作已經讓你得不到成就感或感受不到熱忱，
現在的工作已經面臨時代的變遷，到了不得不轉型的時候，
或者，你發現有一個新機會，你覺得那是一個很大的轉型契機……
那麼，勇敢做自己，迎向轉型的挑戰吧！

你問我會不會有風險？當然會啊！搞不好風險很大。
但你因此就不敢跨出那一步嗎？
這是你的抉擇。

請記住，現在不做決定，將來等著你的永遠是後悔。
做了決定，也盡了力，不一定成功，但，至少對得起自己。
你說是嗎？

邱莉倩的人生建議

◆ 冒險是人生的必然，就連一個學生離開校園，都算是一種冒險。但你能因為校園安逸，就一輩子在校園當學生嗎？整個人生亦作如是觀。

冒險不等於賭博，但如果你什麼都不準備就去冒險，那就真的和賭博無異了。

我的人生經歷過幾次轉型，但每一次轉型我絕對都已做好準備，我從來沒有一次，以隨遇而安的心情，什麼都沒準備就去面對新挑戰，這不是我的風格。

我也要忠告大家，做好完全準備，是迎接挑戰必勝的必要法則。

◆ 要在一個新場域得到認可，不是靠權威，也不是討好。

權威需要專業來支撐，當你獲得尊敬，你就不需要刻意討好別人。

如何擁有專業，靠的是充分準備，以及過往的學習精進。

如何獲得尊敬，方法無他，就是「真正去做」。

我很少看到一個理論派的空降主管可以獲得尊敬，一個只會說卻不肯做的人，推行業務絕對很困難。

我每次轉換跑道，得到立足，毫無例外的，都是以行動來做證明，我靠行動取得尊敬。

◆ 有人以為，我什麼挑戰都會去承接。

當然不是！

迎接挑戰不是一種意氣之爭，或者一種自我豪邁展現，迎接挑戰的前提，就是要做好評估。例如曾有人要找我開餐廳，我也曾認真考慮過投入這個產業，但後來沒去做，不是因為害怕挑戰，而是評估過後，覺得這不是我生涯的合適選項。

◆

最終我要說，做事方法可以很多種，但心態最是重要。

一個懂得上進、懂得如何迎接自我挑戰的人，不論身處哪個行業，都可以有一番新作為。

我對自己的要求嚴格，從小到大我的做事態度都沒有變，我就是要勇敢做自己。

但我不會堅持要每個人依照我的方法來做事，畢竟條條大路通羅馬，也許你的方法跟我不一樣，只要最終目的，可以突破現狀、改善生活，那都是好的。

想想，今天你所處的環境，是你真的想要的嗎？你想有所突破嗎？試著勇敢做自己，明天你就會不一樣。

PART4 親情篇

母親請放心，我已經找回了自己

「母親過世的時候，
我沒有掉一滴淚，在那之前我的淚早已流乾，
曾經我費盡心力想要學習，用來幫助母親的那些書籍，
我統統封箱，
反正我再怎麼努力也救不回母親。
就這樣我過了黯淡的七年，
直到後來我發現，我仍需要靠那些書幫忙助人，
才打開塵封已久的木箱。」——陳慶源

有時候就是對某些事情無能為力。

我們越想做好，就越是碰到各種阻撓。有的是來自身邊朋友，有的是來自社會制度，一再努力一再碰壁，最後，連自己的內心都開始阻撓自己。

都說教育是影響一個人最深遠的事，當一個孩子年幼的心靈能被投入適當的關注，長大就比較能

夠擁有陽光般的開朗。

但若不幸曾經在成長路途中被命運絆住了腳步，也不代表這一生就要消沉黯淡。

陳慶源，人稱阿源師，是個年輕的職能治療師，他用自己的生命體悟，和我們分享他走出幽谷的經歷。

◎出身冒險世家的一個弱雞

出生於臺東市的阿源，家族的淵源來自臺南。祖父當年是個冒險家，為了做生意，從臺南新化遠赴東臺灣鹿野，民國初年時代，那兒還有很多野馬，祖父就是做馬匹生意。那時抓到馬不能騎，怕把馬操壞，得花三天三夜用牽的牽到西臺灣賣。

父親也是生意人性格，成長故事若寫成書，也是一本傳奇，他服兵役時在臺南烏山頭遇到一位美少女準備投湖自盡，父親英雄救美後，也陷入愛河。這位美女後來成為他的妻子，也就是阿源的母親。那時候出身「後山」的父親，娶臺南姑娘這件事並不受祝福，他們其實是私奔回到臺東生活的。兩人後來胼手胝足在東部打拚，也創建了不錯的建築事業，例如蘭嶼椰油教堂建設藍圖，就是當年父親所規畫的。

有著這麼富傳奇性的父母，身為獨生子的阿源，想必是個從小就活潑、愛冒險、有著陽光朝氣的人物吧？可惜，命運的腳本卻不是這樣寫的。

小時候的阿源，是個典型的「弱雞」。他身體不好，運動完全不行，加上膽小內向，整天畏畏縮縮的。阿源印象很深刻，有一次媽媽到學校來接他，老師出來和媽媽聊天，說起阿源，老師用很感嘆的語氣說：「這孩子啊！是個『軟腳蝦』。」

這三個字深深刻印在阿源小小的心裡，並影響他將近二十年。直到成年後，阿源開始接觸心理學以及催眠，才了解當年老師等於是在他心中種下一個負面的暗示，很長的一段時間裡，阿源的自我認知就是「軟腳蝦」，可以說當年那句話害人不淺。

因此，長大後阿源若有機會和孩童接觸，都非常留意做到正面的鼓舞。

在成長的心靈種下一顆負面的種子，將讓一個人成長時充滿著陰影；相反的，若是種下正面的種子，可以養成一個正面強壯的心靈。

就這樣，阿源從小便接受這種負面暗示，以為自己就是個軟腳蝦。他還有長期的過敏體質，經常鼻水流不停，嚴重影響他的人際關係，也讓他變得更加封閉、自卑。

原本母親應該是他的最佳心靈導師，但那年不幸的家庭出了狀況，母親得到重病必須洗腎，為了龐大的醫藥費，父親在東臺灣的事業光是養家已經捉襟見肘，只好舉家搬遷到臺南，這也讓阿源的成長過程有了更多的陰影。

◎從臺東來到了臺南

母親需要長期洗腎，為了她，父親必須更加努力工作賺錢，對於阿源的照顧也就更加鮮少。那年舉家搬到臺南新營後，父親聽從親戚的建議，投入遊戲機臺的生意。當年那也算民間很風行的消遣活動，就好像日本的小鋼珠，成為上班族離開辦公室後抒發鬱悶的工具。

當父親忙碌於「事業」時，阿源則是處在人生困頓茫然期，他不斷調整自己，卻連連受挫。

國小六年級還沒畢業，下學期他就被迫轉學到新營，人生地不熟的環境，讓他自閉了半年。直到上了國中，大家都是新朋友，阿源才稍微開朗些。可是那時功課還不錯的阿源，國二被分到了所謂的「好班」，在升學壓力下，同學間的感情很疏離，在那樣的環境下，阿源又縮回自己的內心，變成一個「軟腳蝦」。

以心理學來說，他當時已經有憂鬱症的情況，只是當年心理學還不普遍，同學們給他一個綽號，叫做「大木頭」。好班的同學，比較沒有言語或肢體的霸凌，但是用另一種形式的傷害，也就是所謂的「排擠」，極少與人互動又整天鼻水流個不停的阿源，自己覺得似乎被同學討厭，連阿源自己也不喜歡自己，就這樣度過了苦澀的國中時期。

內心裡，阿源是想要突破的，但每當碰到外界的挫折，他只好又把自己封閉起來。每當到了有新環境，好比說高中聯考放榜，他考上了不錯的學校——當年第二志願的新營高中，同學都是新認識的朋友，這時，他開始想要突破。

可惜，內心一直有自我否定傾向的阿源，不是太安靜，就是說得太過火，總是走極端。當時藝人吳宗憲開始走紅，電視上流行講話虧人以及八卦話題，阿源為了想讓自己受歡迎，在班上也想走這種風格。結果，他再次受到打擊，他的一個好朋友明白表示，他說的話經常讓人感到反感，這令當時的阿源感到很受傷。

一直以來，媽媽就是阿源的最佳導師，當媽媽身體好些不用住院時，她也會好好教導和阿源。那時候阿源就問媽媽，為何他的同學對他說的話感到反感？

媽媽仔細聽了阿源陳述的前因後果，最後語重心長的說：「你的同學當然對你反感啊！因為你講的話都是八卦。你想想，今天你跟這個同學講另一個同學的八卦，那是不是他會想，你是否在其他同學面前也在講他的八卦？如果你是這樣四處講人是非長短的人，當然招致反感啦！」

由於媽媽的智慧，讓阿源迷途知返，幸好當年高中同學都是很好相處的人，一開始雖然對阿源的行為不諒解，甚至對他築起排斥的牆，之後阿源依媽媽的建議，一一和同學們道歉，最終也獲得了原諒，到了多年後大家成年了，也都還有保持聯絡。

然而在阿源的內心，還是有一條自我封閉的鎖鏈，無時無刻，阿源總懷疑自己存在的價值。這樣的狀況，從小學到大學都難以化解。

◎大學是個憂鬱青年

阿源是個聰明的孩子，學校成績也不錯，功課方面倒是不曾讓家人擔心，然而他總是鬱鬱寡歡。而雪上加霜的，家中又發生了狀況，父親的機臺生意碰到親友惡意倒帳的情事，媽媽的身體狀況也一年比一年差。

原本念書成績不錯，班上同學也都是勵志向上的青年，可以彼此互勉，但阿源的心始終無法安定，他要擔心的事非常多。然而只要一緊張，過敏的情況就會加重，最嚴重時，他的鼻水用衛生紙都來不及抹，只能用杯子把鼻水盛著。

別人考試念書，是挑燈坐在書桌前，他卻因為有注意力不集中的問題，只能走來走去，一坐下來就充滿焦慮。大學放榜後，班上好幾個同學都考上醫學院，不然就是當紅的電機系，然而阿源只考上了私立大學。

阿源考上了臺中的中山醫學大學，讀的是職能治療系，這也是個不錯的學校，只是阿源原本想念國立大學，一方面減低學費壓力，一方面畢業後也有更好的出路，但他的願望落空了。

到了一個新的環境，大一新生的阿源對未來還是充滿期待。他認真念書，上課專心聽講，當他上最喜歡的生物課時，教授喜歡在課堂上問問題，認真準備的阿源都會舉手答題。一次、兩次下來，每次教授問問題，都只有阿源回答，起先他還覺得奇怪，怎麼其他人連這種題目都不會？有一回，教授問問題時，阿源又舉手，結果教授潑了他一盆冷水，教授要他把機會讓給別人，不要再舉手。又一次，阿源想尋求突破，卻又被「推了回去」。

阿源大二那年，父親的事業失敗，帶著重病的媽媽「逃」回臺東。同時間，留在臺中念書的阿源，再次陷入憂鬱症狀，那時的他，繳了學雜費後，身上已經沒什麼錢了，自我封閉的他也不懂得可以去打工賺錢，他整天只把自己關在宿舍房間，因為沒錢，也就不吃飯。

還好阿源當時認識了幾位對他很照顧的同學，這些同學到現在都還是好朋友。他們不厭其煩的每天來關心阿源，不時敲敲門喊著：「阿源！出來走走！」、「阿源！帶你去吃飯。」每回提到這裡，阿源就非常感恩，人生就是有這些貴人朋友，如果當年沒有他們，阿源說不定餓死在房間也沒人理會。

那時阿源完全不懂心理學，直到後來學習過後，回首大學這段日子，才知道當年他就是憂鬱症的患者。

朋友陪著他聊天，帶領他一步一步放開心懷。大二以後，阿源也試著去運動，才發現原來只要自己願意，體能也相當不錯，他定時跑步，熱愛打籃球。不知不覺的，他的過敏體質不藥而癒。

直到今天他還是覺得，很多人之所以會生病，其實可能是「心病」造成的，若願意改變心境，也許就能改變體質，也能改變人生。

◎學會NLP與催眠技能

感恩朋友的關懷，讓阿源順利經過大學四年的洗禮。畢業後的阿源已經比較能夠面對自我，儘管他對很多事還是充滿懷疑，特別是對自己的能力，總是不敢完全接受自己，但至少他不再把自己關在自閉裡。

具備專業技能的阿源，畢業後回到臺東，開始在臺東醫院上班，成為一個職能治療師。雖然父親想要東山再起，但因為一身是病，已經無能為力，於是家中三個人就靠阿源一個人維持生計。

單靠醫院的薪水是不夠的，為了增加收入，阿源就在那時加入直銷。以結果來看，阿源因個性不擅交際，做沒兩、三個月就離開了直銷事業。但當時卻有一件事帶給他終生的影響，原來在直銷公司裡，主管為了提升每個人的戰鬥力，會輔導下線參加各種課程，例如行銷課、業務話術課……等等，其中有一門課阿源非常有興趣，那就是「人際關係心理學」。由於直銷公司上課只著重在如何看準人性，並且適當切入做銷售，但阿源感興趣的是心理學更深入的層面。為此，阿源自己上網尋找上課的資源，並投入名師凌坤禎門下，從此，習得了很多心理學技能，如催眠、心錨置入，以及自我暗示等等。從那年起，阿源成為一個有證照的NLP（神經語言心法）師以及NGH催眠治療師。

孝順的阿源，那時候學會NLP與催眠，最想做的事不是幫病患輔導，他只想幫母親減輕疼痛，當年他完全沒將這和事業聯想在一起。

原來，阿源的母親洗腎多年，全身器官都是病，到生命最後幾年，每天都為病痛所苦。那種痛不是我們一般人可以理解的痛，不是哪裡受傷哪裡痛，或哪裡撞到骨痛或肉痛，據媽媽的說法，那是「深入骨子裡」的痛。

阿源知道，若想要減輕母親的痛苦，現在西醫方法已經沒辦法，畢竟人家說：「頭痛醫頭，腳痛醫腳。」那麼，「無形的痛」要醫哪呢？只能醫「心」。

那時父親也同樣一身是病，所以阿源就每天對父親、母親施展他學到的ＮＬＰ心法，透過催眠，以心理暗示的方法，他要父親、母親躺著，然後聽候他的指令，閉上眼睛，想像自己處在一個美好舒適的地方。

父親、母親也表現出很舒服的樣子，好像原本病痛的身軀，經過阿源的「治療」後，真的讓他們脫離苦痛，享受快樂。

阿源感到非常有成就感。人生中罕見的，他覺得自己突破了自己。

直到幾個月後，有一天父親不忍心每天騙阿源，他老實的跟阿源說：「其實我和媽媽只是為了不讓你失望，配合你演出啦！」

這句話，再次讓阿源跌到谷底。

◎走不出媽媽過世的傷痛

真正讓阿源感到強大無力感的事，在阿源二十七歲那年發生了。

當發現自己ＮＬＰ治療沒有效果後，阿源沮喪了一陣子，但後來發生了另一件事，讓阿源又重新施展所學。原本母親洗腎多年，一身是病，家人都承受這樣的事實了，可是那一年西醫突然檢查出母親罹患直腸癌，並且已經是末期了。聽到這消息，全家人還是難以接受。那時的母親每天都處在疼痛中，不忍母親如此受苦，阿源決心死馬當活馬醫，還是要試試他的ＮＬＰ催眠治療法。

阿源每天就陪在母親身邊，用他所學的專業，協助母親進入冥想狀態，透過放鬆的方式，讓自己身體鬆弛，同時也舒緩了疼痛的感覺。當看見母親已進入比較舒服的狀態後，阿源就適時的導入心錨。由於母親篤信佛教，因此阿源以觀世音菩薩作為安慰母親心靈的切入點，當母親因為催眠進入較舒服的狀態時，阿源就會模擬觀音撒甘露水，一面對母親做暗示，那他感覺到上天在幫她消除苦痛。當建立好心錨模式後，阿源就經常以撒甘露水的方式，在母親病痛時為她減輕痛苦。

回憶起來，那段歲月是阿源一家三口難得的幸福時光，從前父親總是忙事業，母親跑醫院，自己也是念書在外。在母親過世前的那段歲月，家人緊密相扶持，阿源早上五點多自動自發起床，推著媽媽的輪椅，扶著爸爸，三個人走到街口早餐店附近坐著，靜靜的看著旭日初昇。

那是充滿聖潔的時光，阿源好希望時間就停駐在那一刻，爸爸挽著媽媽的手，自己扶著兩老，三個人在朝陽照耀下，有著美麗的光輝。

但時光無法停留。

本來就已經病重的媽媽，從發現癌末到最終病逝，中間只有短短的兩個月，這兩個月的天倫之樂，永遠刻印在阿源心裡。

母親出殯那天，阿源一滴眼淚都沒有掉，但他的心已經深深的受傷了。

「原來，到頭來，我努力去學這些ＮＬＰ、這些精神治療技能統統沒有用。我終究只是個廢物，只能眼睜睜的看著心愛的母親從我懷裡逐漸離我遠去。我沒用！我沒用！我沒用！」

當晚，阿源收拾起原本放滿書架的心理學書籍，包括貼滿牆壁的各種ＮＬＰ心法也一一撕下，統統丟到箱子裡。

封住木箱，也再次封住阿源的心。

他認為，這一生再也走不出媽媽過世的陰影。

◎打開封箱，走出自己

母親過世後，阿源再度封閉自己。如同行屍走肉般，他每天去醫院工作，回家後就是陪爸爸喝酒，偶爾打打球，然後就是睡覺。他沒有社交，沒有人生目標，每天就是日出上班、日落下班。

有一天，醫院老闆對他說：「我們現在請不起你了，除非你接受減薪。」

已經對人生感到失望的阿源，當下也沒有太多的不快，反正這世界就是這樣，不知哪個靠關係的人想走後門，排擠掉他的位置，要他走他就走，終究有某個地方會需要他。

就這樣，他離開醫院的工作，之後有兩年的時間，在朋友介紹下，他從事行銷公司神祕客的工作，坐車到處跑，天涯漂泊，去到不同鄉鎮訪查做記錄。這段時間，他也看了很多世面，心情稍微開拓些。直到二〇一三年，正好有個機緣，他受聘到高雄一間診所擔任職能治療師，他才又重回本行。

漂泊了六年，阿源每當想起媽媽還是會心酸，母親過世時他已經無淚可流，但他還是會經常夢到母親，讓他哭濕了枕頭。

在夢裡他也想起，有一次，那時母親還沒有被診斷罹癌，她突然走進阿源房間，叫醒當時還在睡覺的阿源，語重心長的對他說：「如果有一天我不在了，你一定要照顧好爸爸。」

當時睡意惺忪的阿源還覺得莫名其妙，媽媽幹嘛講這樣的話。

回想起母親曾說的話，阿源醒來後問自己，我要照媽媽的吩咐做嗎？我現在人生自暴自棄，媽媽會希望我這樣嗎？

於是阿源逐漸振作了起來。在診所裡，身為職能治療師，他協助很多復健的案例，但他經常覺得自己做得不夠，病人疼痛的進來，出去時仍然是疼痛的。

那一天，阿源回家後，望著床底下塵封多年的木箱，他看了看桌上母親對著他微笑的照片，然後說聲：「媽，我懂了！」

他當下把木箱裡所有的心理學書都拿出來，再次重溫當年學NLP與催眠的熱情，並具體將之應用在醫病互動上。

這一次，他的成績立刻表現出來了。有一個孩子因為骨折打石膏手不能彎，後來就算痊癒了也不敢彎，總覺得會痛。阿源透過催眠暗示，先引導孩童想像手臂像麻糬，軟軟的可以任自己捏揉，當孩子逐漸融入情境後，阿源一點一滴的引導他，一次彎一點，一次彎一點，三個月後，原本大部分人覺得不可能治好的這個孩童，已經可以把手掌觸碰到肩膀了。

類似這樣的「神奇改變」，每天都在發生。

阿源總告訴病患及他們家屬，這不是什麼特效，而是每個人都可以由自己做起的，他說：「我想跟大家說，透過適當方法探索你自己，不管是身體或心理，他就會感受到身心智慧為你帶來的改變。」

◎請放心，我已走出自己

現在的阿源找到了自信，也在職能治療師領域建立了一定的口碑。

他很感謝診所的院長，他是個非常開明的長者，他對阿源說：「你想做什麼都可以，只要能對病人好，又不違反任何醫療法，我都同意。」

被「接受」的感覺真好。

阿源一天比一天更有信心，他找到了自己存在的價值。

二〇一六年七月，尼伯特颱風來襲，給臺東帶來嚴重的災情，包括阿源家也是受災戶。颱風後第一晚，阿源接到爸爸的電話，知道家中屋頂被吹走，爸爸正處在風雨中，他急得像熱鍋上的螞蟻，到處打電話求救，這過程也讓他接觸了幾個志工單位。

知道爸爸被安頓好，阿源就想，一定也有很多人會遇到像爸爸這樣的狀況，我何不在網路上做一個「志工資源包」，用懶人包的形式，讓想要得到這方面資訊的人，可以看了就一目了然。

於是阿源把自己投入這個工作，不只要做網頁，還要連結各項資訊。為此，他特地請假回到臺東，除了安置爸爸外，其餘時間都在忙這件事，忙到爸爸都念他說：「你到底在忙什麼？自己家是災民不顧，還去管別人那麼多。」

但現在的阿源，已經不會再輕易因別人的反對就受到打擊了。他對爸爸說：「爸！請相信我，我現在做的事可以幫助很多人。」

一晚，阿源剛忙完回家，父親叫住他。

阿源本來以為父親又要叨念他，為何忙那些志工的事。結果父親跟他說的是：「看到現在的你，我很高興，我想，媽媽在天之靈也會感到欣慰。」

父親一直深愛著母親，直到現在，每年的情人節及母親的忌日，都會買著玫瑰去母親墳前上香，陪母親說說話，這件事甚至還曾被記者採訪過。

父親對阿源說：「知道嗎？你媽媽對我說話了。」

阿源問：「媽媽說什麼？」

父親說：「媽媽謝謝你當年幫她減輕很多疼痛，你真的做得很好，她有你這樣的兒子很幸福！」

阿源說：「喔！是這樣的喔！爸，我先出去忙一點事。」

一走出門，阿源已經淚流滿面。

看著天上雨過天晴後的星星，阿源對著天上的媽媽說：「媽！您放心，我已經找回自己，我會用心幫助更多的人。」

陳慶源的人生建議

◆ 一個內心堅定的人，就算受到別人的遊說、刺激、引導，也不會失去自己內心的判斷力。相反的，對自己沒信心、沒主見的人，等於放任自己的心，可以被別人輕易操控。學了那麼多年的心理學，我相信，人是可以藉由自我暗示提升的。

◆ 不過，雖然我懂這個道理，但過往的我卻經常自責，為何我不能藉由我的專業帶給母親健康的身體。當年我母親過世，我非常難過。原因之一就是我聽過真實案例，有人透過自我催眠改變自己，最後讓原本癌末的身體奇蹟似的消除病灶。可惜，我沒辦法成功讓母親脫離病痛，所以我感到很難過。

◆ 現在的我會搭配職能治療、身心技法，適時的藉由NLP與催眠的力量，幫助病患早日康復，但我還是要強調，心病要靠自己醫。一個被拉走的自己，要靠自己才能把自己拉回來。因為開啟心門的鑰匙，還是在你自己手上，別人的幫忙終究只是一個輔助、一個支持，一個陪伴，而不是改變你生命的解藥。

◆ 最後我要說，有許多事，也許不是我們在這個時間點可以做到的。我們雖然已經很努力了，但有時候就是無法挽回。如果真的無能為力，那就讓它走吧！所謂一切隨緣，就是這個意思。願大家探索自己的身心，同時珍惜與家人相處的時光，唯有自己與家人才是這世上最珍貴的寶藏。

終於，了解爸爸的苦心

「我很遺憾，雖然經常聽到前輩們讚揚我父親的事蹟，我自己卻未能在年輕時代好好聽過任何一場父親的講道。曾經，太多的誤解與年少輕狂讓我叛逆離家，現在，我只想一點一滴多聽聽有關父親的故事，並且珍惜我身邊的家人。」——翁騰威

時常，我們怨嘆自己的際遇不好，覺得自己受到不公平的待遇。

而最常被我們指責抱怨的對象，通常都是身邊的親人及同學、同事、朋友，往往這些和我們最親近、對我們付出也最多的人，到頭來，還得承受我們的不滿情緒，以及措辭嚴厲的指控。

但儘管如此，多半時候，經歷過風風雨雨，當有一天我們走累了，最後還是要走回家人的身邊。因為最終，只有這些人才是真正用心對待你的人。

誰沒有叛逆？誰沒有因傷害身邊的人而後悔過呢？

人人都想做自己，都想追求自己的生活，然而我們相信，若有一個溫暖信任的家作為後盾，我們才能走得又遠又長。

◎臺南的築灶之家

臺灣早年的時期，家家戶戶的廚房都有古早灶，事實上，直到現在，閩南話裡的廚房還是講成「灶腳」。在瓦斯爐、流理臺這些現代化設備尚未出現的時代，每一口灶就代表著一個安身立命的所在。一家一灶，世世代代繁衍綿延。

家住臺南西港，翁騰威的父親就是做古早灶起家的。從有記憶以來，父親每天黎明即起，帶著粗重的工具，出門去到臺南各大小村鎮，從事古早灶架置的工作。這是個兼顧粗重與細心的活，一方面必須扛磚、攪土，弄得全身又髒又痠痛；一方面又需抓住工程訣竅，好的灶可以通風有效率的燃燒，若工程計算不對，做出來的灶就變成徒有其形，卻功能不彰。

孩童時代，騰威也曾在寒暑假時候跟隨著父親上山下海、跑村走鎮，擔任小小童工。他負責搬運砂土、協助攪拌水泥等零工。每個工程，父親都會向客戶爭取一百元的額外工資，做為騰威的工作報償，這也是他當時的零用錢來源。

那樣的日子雖苦，卻是騰威難得能和父親和樂相處的時光。在小小孩子的心目中，父親真的好厲害，有那麼多戶人家，都是因為父親才能夠炊爐燒飯，父親真是天地間最強大的人了。

然而隨著騰威漸長，課業漸重，騰威對家人的觀感卻逐步有了改變。如同全世界的少年會碰到的心靈困境，他們在成長過程中，對世界有很多的不瞭解，拚命想和大人習得人生智慧，但在那樣的時刻裡，父親卻經常是缺席的。因為父親的工作要從早忙到晚，每天騰威起床時，父親早已出門，夜晚只有短暫時間見面，甚至經常在他就寢前，父親都還沒回家。

小時候的騰威身體不好，在學校功課也差，個性木訥老實的父親，更是不擅於對孩子表達自己的關心。加上自己本身家境不算好，因此父親總是為家奔波勞苦，騰威念書成績又糟，不得老師緣，可想而知，這樣的孩子，是最容易受到同學欺負的。每當在學校受到委屈，回家想要找人哭訴時，家中卻往往沒有可以提供他慰藉的人。爸爸總是不在，媽媽也為了操持家計在忙，家裡他自己是長子，還有弟弟、妹妹需要他照顧。

原本做為避風港的家，因為爸媽的忙碌，無法給予他足夠的關愛，騰威一天一天下來，竟對自己的家產生怨懟。

曾經，那些與父親邊工作邊歡笑的記憶畫面不見了，取而代之的，是騰威的一顆心總是想要脫離這個不溫暖的家。

後來，他也真的這樣做了。

◎想要逃家的叛逆少年

在小學時期內向乖巧、甚至有點怕生的騰威，到了國中時代，轉變為一個叛逆少年。他對自己的父親、母親充滿不滿，覺得這個家不能帶給他幸福。父母稍微念他幾句他就頂嘴，甚至講出很傷人的話。那時的他，認為自己最喜歡去的避風港不是自己的家，而是位在安定的爺爺家。

騰威的爺爺是臺南安定人，騰威父親的生母，也就是騰威的大奶奶，在很早的時候就過世。爺爺後來續弦，也就是騰威父親的二媽，騰威叫他二奶奶。二奶奶當年嫁到安定時，帶著三個子女一起來，這些子女和騰威父親同輩，騰威稱他們為姑姑、叔叔。

中學時代，一有機會騰威就往安定跑，像是寒、暑假時間，騰威就乾脆住在安定爺爺家。威騰的大姑姑有個女兒，也就是騰威的表姊，當時已經結婚，和夫婿在安定開了間工廠，專門製造雞籠。騰威寒、暑假時，就在這間工廠打工。

他還有一位小姑姑，雖然和父親同輩，但年紀只比騰威大四歲，和騰威非常要好，每回騰威去安定住宿，雖然是想打工賺錢，但他最開心的事，還是可以和這位小姑姑一起遊山玩水。小姑姑是個活潑外向的女孩，相較於當時木訥甚至帶點陰沉的騰威，小姑姑就像個陽光，溫暖騰威充滿負面情緒的叛逆心房。

其實騰威和活潑外向的小姑姑也算是青梅竹馬，小時候每當爸媽帶他去爺爺家，他在那和小姑姑玩了一整天後，每到夜晚爸媽要帶他回家時，騰威不禁就會大哭起來，他好想就一直待在爺爺家，不想回到那個他認為「不夠溫暖」的家。到了中學時代，處在叛逆期的騰威，當和爸媽頂嘴、口不擇言時，甚至會脫口說出：「我覺得我好像是被姑姑帶大的，不是被你們帶大的！」這樣的話。

回首年輕輕狂的歲月，誰沒有因為一己的任性叛逆，而說過傷害父母的話呢？

當你看著父母受傷的眼神，其實自己內心也是滿滿的後悔，

只不過好面子的少年，絕不會輕言認錯。

就是這樣，經常帶著對家又愛又恨的心，中學時代的騰威，是個充氣過滿的氣球，一戳就會爆炸。

高中時候，終於出事了。

◎決心不要再讓師長傷心

騰威高中念的是機工科，在那個牛蛇雜處的校園，騰威和其他也是心中充滿火藥的怨氣少年結夥，書不好好念，還染上抽菸、打架等惡習。騰威在班上是幹部，老師對他也有很多期許，但叛逆的少年不喜歡聽大人嘮叨，只愛和同學混在一起逞兇鬥狠。

高二那年，有一回騰威他們發現原本藏在黑板後面的香菸短少了，懷疑有人偷菸。透過一番訪查，找到兇手原來是隔壁班的一個矮小子。

「竟敢偷我們的菸，不教訓一下怎行？」於是他們就去修理了那個矮小子。沒想到矮小子有後臺，他後面有高三的幫派份子罩他，這下子高三學長追殺過來，和騰威他們一陣混戰後，騰威一方落敗，被修理得很慘。

這本是學生之間的事，大家都有默契不會向師長報告，卻還是有「抓耙仔」向校方通風報信。於是隔天，這些打群架的學生都被帶到教官室，騰威被記了兩支小過，和其他同學一起被管束在教官室，等家長來領回。

心中懷著怨氣的騰威，心想等會兒爸媽來一定是對他破口大罵，他已有心理準備，反正他既然選擇自甘墮落，要打要罵隨便啦！

沒想到當父親來的時候，沒有任何一句怒罵，也沒有任何的指責，父親只是低著頭對學校老師道歉，然後用一種已經傷透心的眼神看著騰威。

當下，騰威震懾了，父親也沒多說什麼話，就帶著他回家。走在父親後面，騰威看著鬢角斑白的父親，背也有些駝了。他的內心忽然有種聲音告訴他：「騰威，你到底在做什麼？為什麼把自己的人生活成這樣子？你的父母用一生來照養這個家，你又給過他什麼了？」

騰威心中升起了很多後悔，回首過往叛逆的這些年，回想他講過多少刺傷父母的話，但在這個茫茫人海裡，最終仍是這個他「最恨」的父母，無條件的把他帶回家，給他溫飽，給他一個安身立命的所在。

整整一個星期，騰威都把自己關在房裡，連飯都不吃。父親每晚仍輕輕敲門，要他好歹吃一點。父親沒看見房裡的騰威正雙手摀住自己嘴巴，哭到泣不成聲。

這回他覺悟了。回到學校後，班導師說要給他一個將功贖過的機會，他交派騰威一個任務，帶著那群打架的學生，共同負責清理一塊草坪，如果能在本學期結束前，把那塊草坪上的雜草全清除，改種韓國草，那麼老師就把他的兩支小過消掉。

帶著懺悔贖罪的心，騰威和幾個同學每天下課就去草坪工作，大家分工合作，沒有人有半句怨言。

大約持續了整整四個月，他們從最困難的整地做起，拔草、鬆地，還得完全清掉種子，以免雜草春風吹又生。整完地後，接著才是移植韓國草皮，整個過程，不只需要勞力，還需用心規畫進程，按部就班，讓原本雜草地美麗變身。

當一片亮麗的草地誕生時，騰威的心也已經煥然一新。他們準時在學期末達成任務，老師也依承諾把他們的小過消除，從高二直到畢業，騰威再也沒有犯過任何錯、做出任何讓師長傷心的事，他甚至還因本職學能優秀，被派去參加全國鉗工技能競賽。

雖然已經晚了幾年，傷了父母太多的心，但只要懸崖勒馬，浪子回頭金不換。

騰威決心不再讓家人傷心了。

◎從叛逆少年變成愛家青年

畢業後，騰威先在高雄衛武營受訓，之後分發到臺北大直的三軍大學服兵役。這時候的騰威只要一有機會，就會奔回臺南西港去看爸媽。

在衛武營受訓時，由於離家比較近，就算只放半天假，他也會包計程車回家。接受操練時，長官有規定，任何比賽得到前五名者，就可以放半天榮譽假。因此只要有機會，騰威就一定會拚命爭取。少年時代曾經體弱多病的他，現在一心為了想回家，願意發揮潛能，他每次跑步成績都是前五名，也因此常常可以放假回家。

去臺北服兵役後，騰威也是一休假就趕搭野雞車回家，經常是一大早出營，風塵僕僕的搭客運到臺南再轉車到西港後，已經是中午。騰威只有大約一、兩個小時的時間陪家人吃頓午餐聊聊天，就得立刻趕車回臺北收假。

即便如此，騰威依然甘之如飴。

每次要回臺北時，父親總是掏出幾千元給他，他知道軍中薪餉有限，要騰威身上多帶著錢，不要餓著了。每次騰威都想說：「爸，您賺錢辛苦了，不用了！」但又不想違逆父親的好意，他還是收下那些錢。

騰威的父親那時很忙，除了上山下海協助裝置古早灶外，本身也是一貫道道親，甚至還是一位講師，擔負傳道授業解惑的重任。騰威小時候也曾多次參加一貫道的活動，入道時的引度人就是他父親。然而學生時代忙於課業以及自己的少年玩樂，並沒有真正去理解父親為何投入一貫道，雖然有幾次去道場聽法，卻從沒聽過父親本人的講道。

事實上，對於自己父親，騰威有太多的不瞭解。

直到後來，父親因為心肌梗塞往生，騰威想聽父親說法也沒有機會了。

入社會工作後，憑著在校學的機工技能，加上後來用心去參加電腦繪圖班等培訓，騰威成為一個專業的繪圖設計師，有著穩定的工作。在他剛進職場的那個年代，臺灣對古早灶的需求也已經變少，只剩傳統節慶要做麵龜或紅粿時，才有建灶的需求。彼時操勞一生的父親也已年老，騰威總是告訴爸媽，好好休息，不要再那麼操勞。

但騰威自己也忙，製圖也是用腦的工作，工作一天下來，他自己也要休息。所以雖然和父親見面的時間更多了，卻從來沒有彼此坐下來好好聊。

這也是騰威人生最後悔的一件事。

當父親過世，子欲養而親不待，騰威有著深深的傷痛。

直到後來，他才有機會聽到很多父親的故事。

◎原來，這是我的父親

父親過世後，家裡頭只剩下親愛的老媽，騰威格外孝順珍惜。此外，他也經常去拜訪家族的長輩，有機會就過去噓寒問暖。

就在父親過世多年後，有一次騰威和父親的親弟弟，也就是騰威的叔叔聊天，才從叔叔口中聽到更多父親的故事。

原來，小時候的父親是個品學兼優的學生，在校總是考試第一名。但由於農村社會家境不好，他只念到國小就出來工作，跟陳天發點傳師（在一貫道中，凡是替老師點傳道法者，皆稱為「點傳師」。）拜師學藝後，有了建古早灶的技能，賴以維生，並和母親結婚，辛苦操持這個家。

當時一家所住的西港現居，房子並不是自己的，而是一位出家修行居士所有。父親工作的收入有時候沒那麼穩定，曾經有一次當月的房租繳不出來，那位居士竟然要求父親搬走。好在後來親族出來說情，告訴那位居士，出家人應該心存慈悲，人總會有遇到不順的時候，怎可因為人家一時碰到低谷，一個月繳不出房租就趕人家走？那位居士也自覺有所不對，後來又讓父親他們住下，但要求一定要記得還欠下的房租。

父親為了照養這個家，希望以後不要再有繳不出房租的事情，並且為了長久之計，他和房東商談分期付款，逐步把這間房子買下來，並設立了一貫道家庭佛堂。為了賺錢，為了給家人一個長久的居所，父親別無他法，只有更加沒日沒夜的工作。

當騰威成長時期，不斷抱怨父親都不夠關心他的時候，其實父親正為了如何照養這個家而心力交瘁。在犧牲自己健康，一輩子鮮少休閒，不停的工作，父親終於把這棟房子買下來了，也因此才擁有位在西港這個自己的居所，及一貫道家庭佛堂。

聽到這裡，騰威已經淚流滿面，這些事父親從來都沒跟他說，因為他不想帶給子女成長的壓力，一切辛苦他都自己扛，而當年騰威卻因此恨自己的父親，想想自己實在太不應該、太不孝了。

騰威很想知道更多有關父親的事，像是父親為何會加入一貫道呢？之後他又陸續從叔叔口中聽到更多的驚奇。

原來，父親從小的體質就和別人不同，他有陰陽眼，可以看到一般人看不到的「東西」。小時候他不懂害怕，只覺得為何很多人對那些「東西」視而不見。到十多歲時，他知道那些「東西」是人死後的靈魂，不禁開始感到害怕，於是去一貫道求助，也因此得到了前賢的開示，得到眾生的智慧觀，這讓父親決定加入一貫道。由於自己看得比別人「多」，對生死有更大的體悟，因此他願意當個度化別人的講師，以講道來助人。

「原來是這樣啊！父親有這樣的故事，為何他從來都不告訴我們呢？」

叔叔跟他說：「你父親自己曾經經歷過成長期間害怕的階段，他知道大家聽到這類事都會害怕，因此他寧願保守這個祕密，只有我及一貫道的少數導師才知道。」

他在民國六〇年代，曾欠西港大橋收費站的收費員過路費，他也在生前找到當時的收費員，用一萬元來償還當年過路費，他希望在離世前，不虧欠任何人、事、物，直到他病逝進入棺材，終其一生，他都不曾對騰威述說這個祕密。

「父親啊！父親，您為子女顧慮太多了，寧願自己悶在心裡，也不願子女擔心受怕。我一直抱怨家人不曾關心我，我自己又何嘗關心過家人呢？」

從那天起，騰威決定從精神面繼承父親的心願。他自動請纓要在一貫道道場擔任講師。

雖然沒有親耳聽到父親對他述說傳法，但這些年來在道場中，每個人只要提到父親，都是讚不絕口，也知道父親講道非常引人入勝，直指人心，是個傑出的講者。父親並且幫助過許多人走過生命中的困惑，尋求內心的寧靜。騰威知道父親的心願就是要幫助更多人走出困境，助人，就是父親的心願。

身為長子的騰威，立志要傳承這樣的心願。

在父親生前，騰威認為自己並不是個孝子，但現在他要用行動表示，將父親的愛發揚光大。

如今的騰威，為了增進自己的表達能力以及與人相處的親和力，積極參加卡內基、清涼音及「益師益友」的課程，目前他還不是講師，自承還在學習，擔任的是一貫道的培訓種子講師。但只要心中有愛，相信有一天他會如同父親般，站在臺上為臺下鄉親解惑。也許他抬起頭，會看見父親的靈魂正在天上對他微笑。

翁騰威的人生建議

- 許多人有種錯誤的觀念，覺得家庭是一種束縛，乃至於想要逃家，想要過著海闊天空、自由自在的生活。然而，離開自己的家人，就能「做自己」嗎？往往在社會經過種種磨練後，回過頭來，才發現這一生對我們最好的，永遠是自己的家人。
- 人在成長過程中，難免叛逆，這難以苛責，我也曾經年少輕狂，我知道青少年的心是全世界最難收服的心。

但無論心中有多少不滿，這世間有件事是最根本的，那就是「天下父母恩」，再怎麼對家人不滿，也不要忘了生我、育我、養我的父母之恩。

◆你的父母還在嗎？若還在世，請務必好好珍惜，如今我很珍惜我的母親，有朝一日，我也想記錄她的故事。

我的母親也是奇女子，雖然年事已高，卻仍可以自力更生，在菜市場經營起自己的事業。她自己手工做的芝麻糖、花生糖、海鹽炒腰果非常好吃喔！保證獨家口味，別無分號，下回有機會到臺南西港，也許你可以在市場的店面看到她，到時候請來捧場。

◆最終，我們人人都想追求「做自己」，但當一個人拚命往前衝的時候，是誰在後面做自己的後盾呢？

每個人的情況不同，有的人後盾是父母，有的人後盾是妻子，無論如何，家是你永遠的避風港，也是你休息後再出發的基地，珍惜家人，一生無悔。

做自己前，請先愛自己家人。

謝謝你們願意這麼挺我

「當拿起催款的電話，
我聽到一個又一個悲傷的故事，
我的職責是要你還錢，
但如果我明知你真的還不起，那我該如何達成我的使命呢？
是盡我的職責，還是依從我的初心？」——陳申杰

每個人或多或少都有自己特別喜歡做的事。

也許一個人無法在很年輕就找到自己最熱愛的工作，但至少可以知曉自己偏好哪方面領域的事。

如果連自己比較想做哪個行業也還沒定案，至少也知道自己比較喜歡哪一類範疇的事務。

好比說，有人喜歡可以與人交談的工作，有人喜歡整理文書的工作，有人就是對機械類的東西比較有感覺，有人對數字覺得比較拿手……等等。

但經常碰到的問題是，如果你喜歡的事跟你「必須做」的事有衝突，那該如何是好呢？

曾經有好多年的時間，陳申杰就碰到這樣的問題。

◎如果我們所學和興趣不合，該怎麼辦？

從學生時代，申杰就是個很喜愛幫助別人的熱血少年，每學期學校給申杰的期末總評，總會有「熱心助人」這類的評語。對於助人這件事，申杰做得非常自然，他就是可以從看到別人的快樂中，得到自己的快樂。求學時代，他總是擔任班長、會長這類與服務有關的幹部。

這是種很難能可貴的特質，但卻不算是種天賦，至少對申杰來說，熱心助人不算是種專長。特別是到了中學畢業要考大學時，就比較傷腦筋了。有的人數學好，有的人語文能力強，這些人都可以很清楚的選擇相關院校科系去選填。但申杰這種愛幫助人的特質，可以讓他從事哪一類的工作？要選擇怎樣的系所呢？

可能適合商學院吧！因為從商絕對需要經常與人互動；也適合社會學類科系，因為將來可以投入社工或其他與人群密切相關的事。

結果這些都不重要了，因為每次遇到大考都會超級緊張的申杰，這回又大大失常了，他差點就考不上任何學校，能吊車尾有大學念已經覺得萬幸了，更別說選填什麼志願了。

他念的是圖書館學系。

三百六十行，行行出狀元，這科系當然沒有不好，但只能說這是個屬性很「安靜」的科系，畢業後的出路只有三種，第一種是進入最學以致用的地方：圖書館；第二種是進入和圖書相關的地方：出版業；第三種則是學非所用，做其他各種工作。

如果這三種選擇都不太好，那怎麼辦呢？申杰當然要趁在學期間亡羊補牢，設法讓自己轉到其他科系囉！若轉不成，就去念想念的研究系所，這樣就有機會轉到和自己個性相近的科系，將來從事更適合的工作。

當時他想考大眾傳播相關的系所，為此他還很用心的去補習，目標是臺大、政大、世新，以及全國所有可能的大傳院所。

然而，再次的，考試和申杰無緣。以上所列院所，申杰全都沒被錄取。

最終申杰還是以圖書館學士的「本職學能專業」進入職場。

從此也開啟了他很長一段時間的職場黯淡期。

全國的圖書館有限，職缺也並沒那麼多，好不容易臺北有個職缺，即使再遠，申杰也得從高雄遠赴臺北工作。

他擔任臺北市內湖地區一所國小的圖書館「代理」職員。

這工作實在和他的本性太不合了，一個個性喜歡助人的熱血青年，來到一個整天連輕聲細語都不能，經常得食指比在嘴巴「噓！不要講話」的地方，頂多偶爾協助小朋友找找書，這工作實在太悶了。做不到兩個月，申杰只能投降，退出這個職涯。

所以，這就是人生的宿命嗎？若無法念到和自己特質相關的科系，那前途就將變得浮浮沉沉？離鄉背井的申杰，當時也不禁惶恐了起來。

◎熱血青年前進繁華大都會

從小，申杰就知道人生有很多矛盾。

他喜歡玩，但功課若做不好，師長會生氣，所以只好先做讓老師高興的事，再做讓自己高興的事。進了社會工作後呢？結果也是一樣。他比較喜歡做某些事，但為了荷包，最終他還是必須做可以讓他活下去的事。

既然已經確認圖書相關工作不適合自己，為了生計，他工作也就不挑了，只要能與人接觸，讓他多多少少發揮助人天賦就好。申杰的大嫂當時在臺北富邦銀行上班，那年正是雙卡風暴來襲，滿街都是欠債還不起的刷爆族，銀行界很缺「催債」的人。就這樣，經過簡單面試，申杰進入「金融業」，擔任電話催收員。

必須感謝大嫂的好意吧！畢竟這真的是個「每天都要接觸人」的行業，不只接觸人，並且要接觸「很多的陌生人」。這實在太好了，申杰可以發揮所長了。

但結果跟他想的正好相反。

喜歡幫助人的申杰，現在做的卻經常是違背自己初衷的事。

雖說欠債還錢天經地義，可是實際接觸催債這領域後，就會發現這個世界很多事都是「命運所迫」。一個人為何欠債？只有很少數的人是惡意借款不還，多數人其實是情有可原的。

有的人生意失敗，背後還有一家老小要養；有的人是父母生病，必須支付龐大醫藥費；或是遇人不淑，老公跑路還把龐大債務掛老婆身上……

這時候申杰應該怎麼辦？當電話的另一頭是個「需要幫助」的人，但你的工作卻是要叫他把錢掏出來？

申杰的工作就是催款專員，他的任務就是要讓這些欠錢的人依約還錢，他的工作完全合法，並且他的薪水也要靠他執行這項職責才能領取。這……該怎麼辦呢？

這是申杰很痛苦的一段時間，相信很多人也有這樣的經驗，只是家家有本難念的經，不同行業有不同行業的苦。凡是工作的屬性與自己的某方面個性不合，都會有這種痛苦。

初始還好，催款員只是「提醒員」，某某人「忘了」繳卡費，申杰去電：「XX先生您好，繳款期限已過，你這期的信用卡最低應繳金額尚未入帳，是否您太忙忘記了呢？我們善意提醒您，要記得趕快去繳交，以免影響您的信用喔！」

這樣的工作，甚至也符合申杰愛助人的特質，畢竟，他是藉由提醒對方，進而「幫助」對方。

也因此，申杰在銀行仍可以服務五年之久。但越到後期，隨著大環境不景氣，以及申杰本身資歷越深，要負責越「麻煩」的案子，主要處理都是無力償還的案例。

每天接收的都是負面能量，申杰可以說是全世界聽到悲慘故事最多的人，甚至和心理諮商專線接線服務員的負能量接收量不相上下。

有一天，申杰站在車水馬龍的臺北東區，看著人來人往，每個人都有自己想去的地方，但他卻對自己的未來該何去何從感到茫然。

「我一輩子就要這樣下去嗎？成為壓榨窮途末路者的無情打手？甚至我可能是害一個人自殺的最後一根稻草，我真的要這樣下去嗎？」

終於，年近三十的申杰，毅然放棄繁華都會臺北的金融工作，兩手空空的返回家鄉高雄。

◎找到可以助人的事業

其實申杰在社會上工作也有一段時間了，他心中知道有一個工作符合他「可以幫助人」的想望，只是在申杰內心還是有道關卡，他害怕從事這個工作後，收入會變得不穩定。

這個工作就是保險業。

年近三十的他，孑然一身回到高雄後，決定試著挑戰自己，因此在朋友的介紹下，他終於進入保險業。

當年還有一件事帶給他很大的震撼，更加促使申杰決定從事這個行業。二〇〇九年，就在申杰回到高雄的第二年，莫拉克颱風襲臺，強風豪雨帶來嚴重災情，高雄許多地方成為嚴重災區，那時申杰邊看電視邊流淚。

到底該怎麼幫助這些人？該做什麼才可以為這社會盡一份力？申杰在心中不斷的想著。

當時還是保險公司新進員工的他，聽了很多的保險知識，知道保險正是「扶人一把」的事業，當一個人面臨重大災難或疾病，什麼卡片問候、慰問紅包，都無法真正帶給受害者實用的幫助，真正的實用幫助，是當保險理賠時，那足以支付醫藥費或應付生計的理賠金。

想通了這一點，申杰覺得自己找到真正想做的工作。這也是他生涯第一次感到自己站在對的位置上，不再徬徨，不再覺得日子只是得過且過。

然而，原先他不敢從事保險業的主要原因，是因為害怕無法賺得足夠的生計，這個問題仍然存在。畢竟，申杰本身雖是個樂於助人、也喜歡與人相處的熱血男兒，但樂於助人並不等於擅於行銷，申杰沒有商學背景，也不擅長將東西銷售給陌生人，更有甚者，他聽到很多做這一行負面的例子，遠遠多過成功的例子。

申杰知道有很多新進的保險從業人員，都先從自己身邊的親友開發，他所聽到的下場多半不好。每當拿起電話：「喂，是我啦！好久不見，想和你見面聊聊，我現在在XX保險公司服務……」接著就是電話一端瞬間由熱變冷，忽然推說自己忙碌，然後就「匡噹！」一聲電話掛斷。申杰聽過太多這樣的先例，讓許多新手業務陣亡，而且不只陣亡，還連帶把親友都得罪光。

這是申杰比較害怕的事。

但既然確定保險這行業符合他的理念，申杰還是決定投入，為了加強自己的專業，他也積極去上課修習相關的金融知識。

這樣就可以開拓業績嗎？

後來申杰才知道，他的人格特質幫助了他。

◎我願意把單子交給你，因為我信任你

從第一通電話開始，中杰就發現，他雖然不擅長行銷，但有一件事比懂得行銷還重要，那就是信任感。

從小，中杰就是喜歡幫助別人的「好人」，甚至這個好人好得有點誇張。就以在臺北從事催款專員來說好了，身負討債重任的他，不但同情負債方，甚至有幾次他還幫忙「還債」。

有一次，他和一個客戶（也就是債務人）聯絡，他因為聯絡對方多次，也知道對方是個單親媽媽，一個人做三份工作，養兩個小孩。他知道對方受到前夫所累，當初用她的名義辦卡，然後欠下很多卡債，卡爆後現在分期攤還，那位單親媽媽也努力去繳。中杰看到對方已經有將錢放入還款帳戶，但金額還差幾百元，然而關帳時間已到，如果再不補足金額，就會協商失效，債務重新計算利息。中杰沒有打電話去催那個單親媽媽，他選擇自掏腰包，直接墊補那個差額。

他幫那個單親媽媽度過這次的繳款難關，並且沒和對方說，畢竟公司嚴格規定，公司人員不可以幫債務人墊款。中杰幫助了人，而且還必須非常低調，不讓任何知道。

類似這樣的事，還發生很多次。

申杰做這些事情的時候，根本不求回報，他甚至做善事也不會特別告知對方，但如今他意外發現，上天給他意想不到的回報。

當申杰打電話給朋友時，對方的回應是：「申杰，你回高雄啦？現在在哪高就？保險公司？沒問題，太巧了，我最近正好想買保險呢！真是上天安排得巧啊！我們趕快約個時間談吧！」

沒有所謂的尷尬，沒有任何向朋友推銷保險的為難，他的朋友只要一聽是申杰，就決定無論如何一定要捧他的場。

最令申杰感動的，當朋友知道他在做保單銷售服務後，別人是一聽朋友作保險就閃得遠遠的，申杰的情況卻正好相反，三天兩頭就有電話主動打來：「聽說你現在在ＸＸ保險公司喔？老實說，我最近看新聞，覺得人生無常，正想補強自己的保額呢！找一天來談談吧！」

什麼是朋友？這就是朋友。

曾經申杰為朋友的事兩肋插刀在所不惜，現在，他當年種下的善因一一回過頭來，紛紛搶著要來感恩他。

申杰坦承，自己不是很擅長做銷售的人，但工作五年下來，他的業績都很平順，儘管不是業績明星（因為自己真的不是業務高手），可是卻總能穩紮穩打，他大部分的客人都是自己的朋友，以及朋友介紹朋友。

甚至曾有一年，因老婆產後身體不適，家中有小孩要帶，申杰必須身兼奶爸，無力勤跑業務，每天只有晚上幾小時時間可以請長輩代看孩子，自己出來談事情。

他的狀況朋友都知道，所以他的「客戶們」都選擇和他約晚上見面，並且根本不用多聊什麼就急著跟他簽約，他每回都出來不到一個小時就帶回一張保單。

申杰每每想到這裡，就不禁眼眶泛紅，問聲：「大家為何要對我那麼好？」

◎提升自己，才能幫助更多的人

二〇一四年，一件社會大事，讓申杰做了另一個生涯決定。

那年高雄不幸發生氣爆事件，造成三十二人死亡、數百人受傷，這中間也包括許多警消人員，其中第一個罹難的消防弟兄，是申杰的高中同學。

一向重情重義的申杰，知道同學的遭遇，感到非常難過，他第一個去到家屬那邊，協助那位同學的後事。由於警消人員身分特殊，是高風險行業，保險申請比較困難，當初這位同學沒有買保險。至於政府的各種撫卹金及賠償等等，因為要跑公文流程，曠日廢時，而那位同學的家庭正陷入困境。於是申杰決定由他出面號召，為這位同學成立募款專線，在很短的時間內就募到一筆救急款項，幫助了他們的生計。

也由於這件事，中杰嚴肅的思考他的工作。他雖然可以透過保險服務幫助到人，但他也清楚知道，自己不是頂尖業務高手，一個人可以服務的人非常有限，而且大部分都是自己的朋友。如果要幫助更多人，比較好的方式是透過更多人的力量。那要怎麼做呢？依照公司的制度，他只有一個方法，那就是「擔任主管」。

這是一個很重大的決定，保險公司依照制度，當有一定的資歷及業績時，可以升任主管。一旦成為主管，公司賦予主管的主要職責，是輔導培訓更多的業務人員，而非將主力放在自己的業績衝刺上。為了鼓勵主管做好培訓工作，公司付給主管更高的薪資，但對於擔任主管的人來說，他最大的取捨就是捨棄原本全力衝刺個人業績時，可能創造每月六位數以上的收入，可是若擔任主管，將大部分時間放在徵員及教育新人上，收入就不會那麼高了。

在深思熟慮並且和家人討論過後，中杰選擇了讓自己的職涯提升到一個新的境界。培訓更多有能力的人，讓善的種子可以散布在更寬廣的範圍。

二〇一四年，中杰成為一個擁有自己團隊的經理。

二〇一五年，在中杰的帶領下，他的團隊榮獲該保險公司全國業績第二名。

許多人以為申杰為何那麼拚？是因為想賺更多錢，買名車、住豪宅嗎？

但申杰以及他的朋友都知道，如今促使申杰不斷奮勇前進的動力不是金錢，而是他希望當再有任何天災人禍的時候，那些苦主至少可以有多一點的保障。

只要能讓這社會少一點悲傷，他的團隊再怎麼打拚都是值得的。

每當夜深人靜申杰下班後，走在馬路上，他的身影是筆直的。

因為他知道，在他身後有一大群願意力挺他的朋友，讓他更堅定的往前走。

陳申杰的人生建議

◆ 很少人可以真的隨心所欲做自己想做的事。

家庭困境、工作難找、際遇不佳……等等，都可能讓你為生活所迫，從事自己不一定那麼喜愛的事。這時候，若你選擇自暴自棄、隨波逐流，那就真的看不到未來了。若你能夠無論身處何時何地，心中不忘初衷，終有一天你會找到你要的路。

◆從事保險工作及各種業務型的工作都一樣，最重要的事情是什麼呢？有人說是業務技巧，有人說是口才要好，或人脈要廣。但我要告訴大家，從事業務工作，最重要的第一件事是「自律」。

以我本身來說，我不是頂尖業務高手，但我在工作上做到自律。業務工作不像坐辦公桌的上班族有打卡的壓力，要你幾點上班，有主管的盯梢，要你工作不要摸魚。經常時候，業務是獨立作戰的。早上你要用夢想叫你起床，碰到挫折你要自己穩定自己，繼續往前走。有的人每天睡到日上三竿，一碰到挫折就說要回家「療傷」，我所見過這類無法自律的業務朋友，最終都會因業績不起色，而逐步被市場淘汰。

◆最終，我要衷心感謝我的朋友。

俗話說：「在家靠父母，出外靠朋友。」

我很感恩，我的朋友給予我的信任。

相信只要日常生活中，我們能真心的關懷朋友，為朋友著想，不要以自己為核心，把朋友都當成替你服務的工具，那麼你的真心將會帶來長久的友誼，以及一輩子的真誠朋友，我感恩您。

因為有您，我才能更有勇氣，往前路邁進。

PART 5 志業篇

追求人生四大課題，成就服務志業

「那一年，我拿到了全國服務學習績優行政人員，
我有一個人人稱羨的學校工作，
我的表現也都獲得高度肯定，
但跌破眾人眼鏡的，得獎後，我卻選擇離開學校安定的職務，
只因在這個位置我已經做到極致，
若想服務更多人，我必須跳脫舒適圈，尋找下一個挑戰。」——林英明

提起林英明教官，在高雄社福慈善志工界無人不知、無人不曉，甚至在全國的青年志工，許多人也都聽過這位鼎鼎大名的公益慈善大師。

他不是家財萬貫的企業家，可以花大錢捐款做公益；他也不是什麼明星藝人，可以登高一呼擔任公益代言人。

然而多年來，舉辦過數百場公益活動的林英明，只要發布一個公益活動的場次預告，就會有許多團體主動報名共襄盛舉。這些參與都是純公益，不但表演收不到任何報酬，甚至還得自掏腰包負責交

通、食宿。

但為何仍有那麼多人願意支持林英明發起的公益活動？

答案就在林英明所散發的熱忱，以及十年如一日不曾動搖的公益使命感。

◎軍中的一個社工魂

說起林英明的出身，讓我們找到他日後會長期投入公益志業的關聯。

從小在彰化王功的漁村長大，在民國五〇年代是非常窮困的，因此有「臺灣世界展望會」挹注國際資源，濟助學童讀書，林英明也是其中之一，因此在其心中種下一顆善的種子，一顆回饋幫助他人的心。但為減輕家中經濟負擔，高職畢業時就選擇軍職做為職涯出路，好像與助人工作相去甚遠。

在一般人眼中，軍人的生活就是一板一眼，凡事必須照規定，而且軍隊是個封閉型社會，進出都有嚴格的管制。除了在一些天災後滿目瘡痍的場合，總是會看到軍人來到民間參與救災工作外，多半時候，軍人都是在圍牆以及崗哨的另一頭，過著嚴格有紀律的生活。

這樣的生活，怎麼看都不像是和社會工作有關，更何況，後來林英明還將社會服務這個志業做到極致，成為這個領域的翹楚。一個軍隊出身的人，他到底是怎麼辦到的呢？

關鍵就在於他有一顆真誠淑世的心，並且有著堅強的意志。

都說，軍隊是最能磨練一個人意志的地方，但軍隊也經常是最會「壓抑個人發展」的地方，畢竟軍隊講求的是團隊、是服從、是紀律，個人英雄主義那套在軍隊是吃不開的。也就是說，在軍中要有為「大我」付出的心志，相對來說就很難「做自己」。

林英明的方法是由小開始逐步做到大。過程中也許經歷種種磨練，但心中那個想要「幫助他人」的熱情，卻從來沒有熄滅。

契機之一，林英明報考的是政治作戰學校的社工系，很多人一定不曉得，軍校不只有作戰相關科系，也有和社福相關的科系，因為軍中從某種角度來看也是社會的縮影，有種種人際互動關係，所以軍中也需要教育輔導人員，而林英明就是投入這樣的工作。

下部隊後，各種軍隊操練、行軍演習以及軍中思想工作，占據了林英明多數的時間。但一路走來，從輔導長做起，到後來逐步成為影響力更高的政戰幕僚，這中間過程，林英明都沒有忘記他的所學，他總是透過輔導每個個案，透過調整士兵的心態，把曾經心緒低落、觀念走偏的士兵，帶回積極正向的道路。

如果一直身在軍中，也許林英明就是專職的軍人生涯。然而二〇〇五年有個契機，讓林英明把自己的淑世理念落實到民間，那就是轉任軍訓教官。

◎轉任學校擔任教官

林英明回想高職時期的教官，是生活輔導者，由外而內形塑良好的品格，是亦師亦父者，住校期間還負責宿舍餐飲管理；是教育者，國防通識課程融入多元，環保、感恩、慈善、志工不一而足，這樣的角色很符合他的人生期待。

但教官的甄選有嚴格規定，首先必須通過一定的考核，在軍中服役十年以上，無重大過失懲處，且服務歷程禁得起長官的品格操守檢視。接著參加全國性大考，更有超過五百個人競爭名額有限的教官缺。就在二〇〇五年，林英明以全國榜首的成績，順利轉換職涯，成為學校教官。

林英明脫穎而出不只是因為他的成績優異，更因為他對教育的熱忱，讓各級長官印象深刻。在軍中擔任教育輔導人員時，他就是一個很有創意的人，例如新兵下部隊多少內心會忐忑不安，政戰人員要負責教育並安撫新兵游移的心，多半採用的方式就是精神講話、放宣教影片等等，但他不一樣，他採取的是演話劇的方式，不但新兵們看了很融入情境，長官們對他這樣的創舉也讚賞有加。

就是這樣的林英明，現在成為軍訓教官，對學校來說，真的如獲至寶。

其實任何工作都一樣，每個職位有最基本的職務要求，許多人工作的目的只是想達到最低標準就好，好比說上班族只想上下班打卡準時，依照上級交辦命令達到交差了事就好；司機只想把人安全載到目的地，店員只想按規定買賣結帳。對於像教官這樣的職務，其實工作內容也可以很彈性，基本上，教官不是最重要的教育工作者，相對來說，可以因循苟且、照本宣科即可。

林英明可以很輕鬆的擔任這個工作，薪水照拿，不用把自己搞得太累。但他自我期許不是這種人，他轉任軍訓教官不是為了想走比較輕鬆的道路，相反的，他到任這工作是要更加發揮他的所長，他經常發揮教學創意，很得學生喜愛，因喜愛才能發揮影響力，二〇〇七年並獲得教學卓越獎，真是做什麼像什麼，盡自己的力量做到最好的寫照。

二〇〇八年回到高雄市任職開始，高雄市社福界多了一位每年帶學生志工參與百場公益活動的傳奇人物。林英明從擔任教官第一年起，就認真做好校園的品德教育，而品德教育需要實踐，最佳的實踐方式就是參與公益服務，於是他經常帶領學生一起投入各項志工的服務，受他感召的學生，沒有上萬也有千人。就這樣，他用這樣的方式，推展自己的理念。

所謂做自己，不只是把自己的願望盡力發揮。
若能將自己的理念，透過影響力號召更多人響應，
這樣就可以超越單純「做自己」的局限，把境界從小我提昇到大我。

◎林英明的人生四大課題

對於品德教育，林英明有一套很完整的理念，人生有四個課題及一個核心目標，是追求真正的快樂幸福。佛教講極樂世界，基督教講天堂，所以這個核心目標一點也不流俗，而是強調真正的幸福快樂，需透過四個課題來達成：

學會如何生存、學會如何學習、學會與人相處、學會自我實現。

在七〇年代，臺灣有一本影響深遠的生涯指引書，是由吳靜吉博士所撰寫的《青年的四個大夢》，林英明的人生理念也有異曲同工之妙，但他的模式更能適應現在的社會。

他說，人人都想尋覓快樂，但怎樣才有真正的快樂？好比說，一群學生去唱卡拉ＯＫ玩瘋了，過程是很快樂的，但瘋玩過後，經常內心卻很空虛。為什麼呢？因為若只是個人的玩樂，一個人無法真正實現自己。

林英明提出的這四大課題，適用於任何人生階段，四個課題都是要持續精進，沒有所謂的「真正完成」，而且這些課題都是並行的。不能說學生時代只專注在如何學習，到了入社會後再來學如何生存，這樣是不行的。

然而多年來，林英明發現現代人越來越空虛，把快樂放在旅遊、吃美食、網路玩樂上，為什麼呢？就是心中沒有建構一個完整的價值體系。

特別是「如何與人相處」，以及「如何學會自我實現」，更是現代人最缺乏的。生存，大部分的人都會，就算為了三餐生計，也會設法找到工作謀生，大部分的人也會為了改善現狀做種種學習，但如何「與人相處」以及如何「自我實現」卻是學問。有的人也許賺很多錢，但卻養成自私自利的習性，以犧牲別人的權益來獲取自己的利益，這樣的人即使懂得生存，也無法獲得令人尊敬的人生；有的人空有好聽的職銜，家庭事業也看似美滿，但人生就是不快樂，那就是因為他沒做到自我實現。

多年來透過輔導工作的關係，林英明和許許多多的人交流，深深覺得能夠完成這四大課題，是全人的基本關鍵，經過多年實踐，他也更加確認這個道理。從擔任教官的那年開始，林英明更能將自己的理念推廣。

這是他人生的新階段，從二〇〇六年到二〇一二年這幾年擔任教官期間，林英明一方積極輔導學校志工社團，藉由影響更多學子散播志工服務的種子，一方面自己也更加投入公益服務社會工作。

二〇〇八年，林英明獲高雄市政府教育局邀請，負責規畫全高雄市的服務學習計畫，讓他的理念更加得以推廣。

認識林英明的人都知道，他非常強調「做」的重要，上課時講再多的品德教育影響都有限，倒不如親自帶學生去參與實踐公益服務。好比說，老師都愛強調日行一善、與人為善的重要，但光說不練無益，就直接帶你去訪問育幼院，去做老人服務、去做社區掃街，去為街友長輩送餐……等等，現代也強調環保教育，那麼就帶學生去參與淨灘。

就算是書本教育，林英明也覺得可以應用得很靈活，如同他在軍中就曾以演話劇的方式，為新兵做心理輔導。林英明認為，就算是遊戲也可以變成一種教育，畢竟遊戲只是種工具。好比說教育部也認同，寶可夢的流行雖然帶來很多負面的社會現象，如荒廢學業、走路不專心……等等，但若可以設計一套和寶可夢相關的志工服務，帶長輩也外出走動抓寶，順勢利導發揮創意做公益，最終是可以提升學生學習的。

◎退休等於全新的出發

二〇一二年，林英明的軍職服務年限到了，他也從教官職位退休。多數人退休就代表退出工作圈徹底享福，但對林英明來說，退休卻是他發揮行善理念的另一個開始。

幾年的學校服務下來，林英明的能力與貢獻大家有目共睹，因此才剛剛退伍，他就立刻受聘為學校的行政職。這個工作比起之前的軍訓職更能讓他發揮，因為他的工作就是直接負責推展學生志工服務學習。

他常說，自己是全世界最幸福的人，竟然可以職業、志業、興趣三者充分結合，讓他得到充分發揮。林英明沒讓學校失望，他的表現不只優秀，而是頂尖級的優秀。二〇一四年他獲得教育部頒發的全國服務學習績優行政人員獎，這是一個很高的榮耀，也是對他多年來認真帶領學生服務學習的最佳肯定。

但在這一年，林英明卻做了一個令眾人不解的決定，已經達成專業志工訓練業師，四十多歲的他，卻選擇離開學校這個環境。原因在於他不想一直讓自己局限在校園的服務學習課程，多年來在這領域他做得夠多了，現在他想進入一個更寬廣的服務圈。

只是，這是風險很大的事。

林英明一離開校園後，有一段時間處處碰壁，雖然他在社福志工界是個名人，但一旦要應徵正職工作，他卻受限於年紀，四十六歲，其實才是中壯年，然而在社福工作的領域，多半是要找二十多歲年輕有活力的青年，這也是林英明進入職涯後，第一次碰到「失業」的挫折。

所謂理想與現實間有段距離，

需要堅強毅力才可以跨越，
所以許多人都不敢離開原有的舒適圈，
唯有具備勇氣真的追求自己目標的人，才能勇敢跨出這一步。

經過大約半年的時間，林英明找到一個與教育有關的工作，並且能兼顧他喜愛的志工慈善志業。他原本就想朝兩個方向走，一個是有著基本收入可以維持生活，但又可以和服務志業相關的，就是投入志工服務的領域，這兩件事他後來都做到了。

二〇一五年初，林英明進入一家教育訓練公司，擔任公司的人力管理訓練部門經理，負責規畫訓練品管理流程，並接受勞動部ＴＴＱＳ評核，一次就獲得銅牌。

在工作立穩腳步後，他發起成立了「臺灣全人關懷照護服務協會」，由於一開始就定位自己是要做事的人，不是只想掛頭銜，因此他讓自己擔任祕書長。依照社團法人規定，理事長要選舉，有任期的限制，但祕書長則是執行工作的人，沒這顧慮，從這裡就可以看出，林英明是真正想做事的人。

林英明做事的高效率，也在這裡充分展現。

就在二〇一五年，他同時獲得多項榮耀。首先，他帶領的團隊獲得教育部全國青年志工績優團隊第三名，由總統親自頒獎，他也成功的幫服務的教育訓練公司，完成ＴＴＱＳ認證得到銅牌，同年他也創立了「臺灣全人關懷照護服務協會」。這三件事中的任何一件事，一般人可能都要花好多年才達到，就以TTQS來說，這是融合各種企管實務，需要龐雜的文件管理以及制訂各種流程，很難達成的目標，但林英明卻在服務的第一年就帶領公司團隊達到這個目標。

只能說，當一個人願意全心全意真誠的投入一個志業，那麼連上天都願意幫他一把。

◎超過百場的公益服務演出

由林英明創立的「臺灣全人關懷照護服務協會」，如同他這個人一樣，是個「真正做事」的協會。在臺灣，許多協會一年只辦一、兩場活動，有的只是開開會聚餐聯誼，但林英明的協會不一樣，他兩年內就辦了超過百場活動。服務對象包括老、幼、殘、窮、弱，為身心障礙朋友圓音樂夢公益教學班、銀髮長輩烏克麗麗班、口琴班，國小學童烏克麗麗兒童營，與五百位老老少少分享彈唱吹奏的樂趣，同時也帶著學員到老人機構娛老表演服務超過一百場。

很多人感到好奇，辦活動第一需要經費、第二需要人手、第三需要時間，這三項都不容易，經常要透過公關活動公司才辦得到，林英明手下難道有許多員工幫他效勞嗎？答案是，他的協會除了聘請一個兼職會計負責計算財務外，並沒有任何一個員工，之所以能夠一邊舉辦那麼多活動，一邊仍繼續在教育訓練公司擔任正職，並能將兩邊的工作都做到那麼好，原因有二，這兩點也是林英明想要和大家分享的做事方法。

第一、凡事力求簡單化：

現代人的通病就是喜歡把簡單的事搞得複雜。如同官僚流程般，做一件事要跑一堆公文，寫一堆報告。林英明做事講求實務，他寫企畫案很快，不追求無用的虛飾詞藻，只講重點。多年來完成無數報告，甚至也得過教育部頒發的「示範性企畫案」優等獎。他辦每場活動都講求效率，許多時候一通電話、一個公告就可以解決的事，不必搞一堆繁文縟節。

第二、堅持對的信念，自然吸引認同的人加入：

林英明的一生都投入在追求公益至善至美，但推展的過程絕不是靠強迫的方式。他認為如果一個人不能認同，就算強迫他今天行善，他也只是做做樣子，這樣便失去了行善的真諦。他靠的是自己的熱忱，以及多年來累積的正直名聲。簡單說，「林英明」這三個字就是一種品牌，只需要在網路上公告，何日、何時、何地舉辦老人服務，自然就有認同他的人主動報名加入。

兩年內累積一百多場，這是很不容易的成績，沒有經費，完全靠的是志工的愛心與熱忱。記得二〇一四年時，林英明還在學校，他就懂得善用各種資源，那時他帶領著學校的烏克麗麗社團去為老人表演，後來有其他單位看到了，也希望林英明教官能帶隊去。這是他樂意做的事，問題是該單位有一個半小時的表演時間，單一個烏克麗麗表演太薄弱了，要找更多團隊才行，他就在校園號召，包括吉他社、國樂社以及街舞社都來共襄盛舉，於是就有了一場精采的志工服務演出。

因為老人照顧需向青少年借力，林英明期待建立一個老人機構服務的模式，讓青少年朋友可以很方便到老人機構服務，果然兩年的時間就產生良好的迴響，除了越來越多學校團體主動到老人機構娛老演出外，甚至有很多商演團體及歌星，主動報名參與。這些團體在其他地方表演是要收費的，但為了響應他志工服務的工作，都願意舉辦免費義演。和他合作的團隊很多，包括專業樂團，也包括肚皮舞、魔術、造型氣球等，以林英明為精神領袖，他們共同讓愛心開出一朵朵美麗的花朵。

◎這是一生的志業與使命

秉持著人生四大課題的追求，林英明持續為社會服務做努力。

現在的他，對社會服務的目標已經不再是活動舉辦幾場，或服務了幾個弱勢族群，對林英明來說，這只是常態要做的服務工作。如今他將焦點放在一件核心使命上。

這個使命就是教育。

談起教育，林英明感慨的說：「你知道嗎？為何我一個彰化小漁村成長的孩子，長大後會投入志工事業？那是因為小時候，就有人在他心中種下一顆善的種子。」

民國五〇年代的彰化王功，真的是很窮苦的所在，雖然當時已經有九年國民義務教育，但那些年國小畢業的孩童，仍有近半數都選擇不再繼續升學，由於家裡生活困苦，父母都希望孩子能先工作貼補家用。

那年就有一個公益服務團體，叫做「臺灣世界展望會」，為了鼓勵孩子可以繼續升學，提出了若家中的孩子能正常上學上課，就會提供白米、奶粉、味精及布鞋等家用品。當年這樣的號召，影響了多少家庭的孩子繼續升學，林英明並不知道，但他知道，當年臺灣世界展望會這樣的理念，在他心中種下了一顆種子，當時小小年紀的他心中就想，長大我要從事像世界展望會這樣的工作，幫助更多人。

所以許多時候，在人的心裡種下一顆善的種子，比一個一個教化開導個案，更加來得重要。

有句話說，三歲看到大，六歲看到老。

孩童時期吸收到什麼樣的觀念，將會塑造他一生的人格。所以林英明現在的正職是在教育訓練機構服務，只要對學習期間的學童傳達好的觀念，其影響力將比孩童長大再去培訓來得重要。

對於志工服務，許多人會以為，林英明一定鼓勵每個學生都去投入志工的科系，他說這個想法並不周延，因為社會需要各行各業，志工是一種態度，一種行善的人生價值，應是每個人所共有的，並非人人都要把它當成職業。

培養出一個社工，他只能幫助有限的人，
但假定培養出許多像郭台銘先生這樣的大企業家，
透過企業能幫助更多的人，
那不是影響力更大？

就以林英明自己的兒子來說，他兒子念的是機械系，他就曾跟兒子說：「你願意課餘時間擔任志工，那我很歡迎。但如果你選擇將職涯投入志工服務，那就是本末倒置了。因為每個人有每個人的專長興趣，對我來說，教育及社會服務是我的興趣及專長，因此我終生投入。但對你來說，機械才是你的專長，如果有朝一日，你可以藉由機械的專長，好比說，發明一臺功能更強的輪椅，那是不是可以對社會貢獻更大呢？」

對於教育的工作，林英明覺得非常重要，他提出了一觀念：樂服務，善循環。

舉例來說，他培訓烏克麗麗團隊，免收學費，有的人說他虧大了，但林英明卻說他賺得可大了。他做免費培訓，有個條件是，學成後學員有義務要跟隨至少五場的公益表演。以這樣來換算，如果招收一百個學生，就有五百人次的表演，如果以職業表演來說，本來要花很多錢的，現在他們都願意公益表演，你說，他是賺還是賠？

這就是建立一種善的循環，我先幫助你，等你有實力後，你也願意幫助人。大家都不計較的助人，一代傳一代。

持續不斷建立善的循環。

林英明用他的名字照亮了社會服務工作。

他幫助了許多人，同時也充分「實現自己」。

林英明的人生建議

◆ 做自己，人人都會說，但要怎樣做自己，是犧牲別人、成就自己，還是既展現自己、又能幫助他人？這就可以看出每個人發展的格局。

◆我覺得教育是最重要的事，當一個觀念內化成一個人的特質後，將可影響一個人一生。我覺得這個社會上，不只做父母的，做師長或做教育政策的人，對學生教養都有義務，我認為每個人都有義務帶來正面的影響力。

好比說，新聞報紙媒體每天都是報導負面新聞，大人每天都是爾虞我詐，那麼帶給孩子的內心影響會是什麼呢？

我們需要正向的力量，就從自己做起，每個人都是小眾傳播，都可以傳遞正向的訊息，哪怕只是一個微笑。

帶著孩子為善，為他人付出，就是種下一顆善的種子，這顆善子，會為這世界帶來良善的循環。

◆最終，我還是要強調人生有四大課題及一個核心目標，如同桌面及四隻腳，缺一不可。很多人的一生有遺憾，無非就是只追求其中一、二項，如生存財富，卻少了親情相處，人生也有很多樂趣，健康最樂（生存）、成長最樂（學習）、互動最樂（相處）、服務最樂（實現），做好了這四項，快樂幸福自然來！

學會如何生存、學會如何學習、學會與人相處、學會自我實現，核心目標——快樂幸福。時時警醒自己這四件事，不論處在人生哪個階段，務求自我精進。

我想，這就是「做自己」的精髓。

聽見內心聲音，傳承教育夢想

「至今我仍記得那天的窘境，
我被老師叫上講臺對同學發表心得，
看著臺下數十雙眼睛，忽然間我一句話都說不出來，
就站在那發呆，接受大家眼神的嘲諷，
等了很久才被老師罵下臺。
然而，多年後我從事教育工作，成為一個老師，
每天都看著臺下數十雙眼睛，我不再害怕，
事實上，我很喜歡這樣的工作。」——舒季嫻

有沒有可能發生這樣的狀況？

一個耳朵有缺陷的人，卻非常熱愛音樂？一個成績很不好的人，卻想要當個大科學家？當然有。

貝多芬三十多歲時耳朵就開始出問題，到四十多歲時已經完全耳聾，而那麼多受世人傳頌的經典樂章，都是在三、四十歲後完成的。

愛因斯坦直到三歲都還不會說話，成長時期曾被長輩認定是智力有問題，前途非常黯淡，但他後來成為至今為止最偉大的科學家之一。

那麼，如果一個人的夢想與現實看似離得很遠，夢想就不可能實現嗎？

舒季嫻，一個在十多歲前都不太敢講話的女孩，後來卻成為傳道、授業、解惑的老師，她的故事，闡述了只要肯突破，人人都可以勇敢做自己。

◎小時兒戲夢想深植

這位在十多歲前都不太敢講話的女孩，小時候的夢想竟然是當一位老師，小女孩在辦家家酒遊戲中，最喜愛的就是「扮演老師」的角色，一排娃娃整齊坐好當學生，一枝筆夾在領口當麥克風，即使是自己一個人，也可以不亦樂乎的沉浸在想像的教學世界裡，但這份夢想只是默默埋藏在小女孩的心底，因為在現實生活中，小女孩也知道這夢想離她好遙遠好遙遠。

幼兒時期的季嫻，個性超級內向害羞，不擅於表達自己的想法，即使在家裡因為某件事而覺得難過或不舒服時，也不會直接跟爸媽表明，只是躲在角落默默哭泣，直到爸媽發現，發現之後也說不出原因，爸媽還得進行一連串的猜猜樂，直到小女孩終於肯點點頭為止，這樣的情況讓爸媽很擔心，女兒是否有自閉症的傾向。

看著季嫻長大的親友長輩，對她的印象就是「靜靜的不愛說話」，以致當季嫻開始從事教職時，有天和媽媽一起去拜訪一位好久不見的阿姨，這位阿姨一見面就問季嫻在哪高就，一聽說她是位老師，就驚訝的問：「你是老師？那你都怎麼上課啊？比手語嗎？」從阿姨玩笑式的回應中，可見對季嫻小時候不愛說話的印象超級之深刻。

上小學的季嫻，一樣不愛說話，在老師和同學眼中，就是位標準的「文靜乖巧好學生」，但由於她有雙圓滾滾的大眼睛，加上成績名列前茅，許多同學會主動來找她聊天，甚至還有男同學向她告白，讓她嚇得不知所措。所以季嫻即使個性內向，在班上的人緣卻還不錯，但當被老師要求上臺說話時，就是處於一句話也說不出來的窘境。

回想小時候的成長經歷，季嫻發現自己的小小腦袋中，其實有很多的想法和疑惑，只是不知道為什麼，要讓想法從腦袋到嘴巴脫口而出，這途徑卻比一般人遙遠和困難許多，無法像別人可以自然而然的愛說什麼就說什麼。

小小年紀的她，心中就已經在思考「生命的源頭」、「這世界到底是怎麼來的？」、「人到這世界要做什麼？」這一類的宇宙人生大哉問，對這世界有著強烈的好奇心和求知慾。直到中學後，她和更多同學交流才逐漸發現，原來不是每個人小時候都會想這類的問題，當年的她實在是太早熟了。直到現在當了老師多年，才有更多心力，投入追求心靈成長這樣的課題。

然而有這樣的成長經驗，也讓成為老師後的季嫻更懂得去關心那些特別安靜內向的孩子，引導他們練習表達，發掘孩子內心小宇宙潛藏的潛能。

回想起小時候，如果她持續保持著「不知如何表達」、「不敢上臺說話」的想法，那成長後的她絕不可能成為一個老師。

許多時候，人們不是被誰設下了成長的框框，自己往往才是那個限制住自己的人。

還好，季嫻走出自己的框框，她試圖改變自己。

◎主動挑戰成長蛻變

一個人要能改變，簡單來說有兩種方式。第一種是被動改變，當受到外來的刺激，好比說經歷變故，或是被環境逼迫成長等等，可以帶來整個人的轉型。許多從事業務的人員，都曾經歷過這類的改變，「被迫」成長。

另一種是自我突破。這其實比被動改變更為困難，因為人都是有惰性的，喜歡固守舊的模式，這樣最安全。如果不是內心有一把很堅定想要突破的火焰，很難超越自己天生的局限。

季嫻的改變屬於後者，始於高中時代接觸童軍開始，當時高一選社團時沒花太多的時間就決定了，這對容易猶豫不決的天秤座來說是件稀有的事情，一方面是她下定決心突破自我，另一方面童軍對她而言有股莫名的吸引力，從此開啟了她與童軍的緣分。

童軍活動對於個性內向的季嫻來說，無疑是一大挑戰和震撼教育，因為童軍必須要在大庭廣眾下吶喊歡呼、帶領活動，必須適應種種陌生的新夥伴和環境，必須走入人群服務人群，就這樣不斷一次又一次的嘗試、挑戰，像現實版的電動遊戲般，突破了心中一道道的任務和關卡，換取更多的經驗值，累積更多的能量，這時的季嫻已有了站上講臺侃侃而談的勇氣和膽量，老師的夢想似乎離她近了一步。這樣的進步是她積極尋覓而來的，因為是她主動選擇要經歷童軍的種種挑戰。

但終究她還是想尋求「真正」的突破，而不是鼓起勇氣上臺，被臺下鼓鼓掌、稱讚妳很勇敢，那種一時的突破。季嫻想當老師的心願從來沒有改變過，當在高三推甄和申請選校時，她毫不猶豫就選擇臺灣師範大學，只不過當時她選的英文系和國文系，後來都落空了。但她沒有因此就放棄，反而更卯盡全力為聯考做準備，再次爭取當老師的機會。天助自助者，最後她以優異的成績考上了臺師大公民教育與活動領導學系，也再次與童軍結下了不解之緣。

眾所皆知，童軍課程不是拿著一本教科書在黑板上照本宣科就好，童軍課是以活動為主的課程，教授內容豐富，從帶團隊遊戲、繩結技能到戶外冒險，諸如野外炊事、營火活動、認識大自然、山野求生等。成為一位童軍老師所要具備的知識和技能，當然不能只是紙上談兵，而是要自己實際的體驗嘗試和學習。於是隨著課程的需要，季嫻帶著欣喜好奇的心，再次一階段一階段的突破自我。

在大學多彩多姿的環境裡，季嫻除了參加童軍社外，還參加了青輔社、魔術社和系學會的康樂股，讓自己有更多的機會，學習如何透過活動展現自我，以及帶給別人歡樂。在這些活動經歷中，印象最深刻的是在她大二時帶領大一新生的迎新宿營，在第一天的營火晚會上，可能因為學弟妹彼此都還不太熟悉，幾個節目過後，營火的氣氛還是一片沉悶的狀態，此時正好換季嫻上場帶領活動。

當時她以「季老師」的封號，用臺灣國語的口音、活潑搞笑的風格，帶領學弟妹進行團康活動，沒想到瞬間炒熱了現場氣氛。從此之後，學弟妹看到她，總是會季老師、季老師的喊她。這次的經歷也讓季嫻發現自己的一項特點，因為平時私底下的她並沒有那麼活潑，但當站上舞臺後，她就會像被附身似的人來瘋，搖身一變成為另一個自己也驚訝的自己！

最大的一次挑戰是在她大四那年，當時她順利通過臺灣童軍總會的徵選，參加了ICSP（International camp staff program）美國夏令營國際輔導員計畫。那年暑假，她一個人隻身前往美國威斯康辛州的 Tesomas ScoutCamp，整整生活工作兩個月。那是她第一次自己出國，要在陌生的機場冷靜找尋下一個登機門；第一次在沒半個臺灣人的環境下，讓自己融入全是外國人的童軍團隊；第一次一個人在千坪以上的營地中，摸黑走回自己的小木屋；第一次用不怎麼流利的英文，向外國人介紹臺灣文化、表演繩子魔術……。這一段緊張又刺激、淚水與歡笑交織的冒險旅程，激發她的心智更趨成熟獨立，也讓她看見原來自己可以有這麼大的能耐，那是包括她自己以及家人、朋友以前根本想像不到的。

終於她得到了人生很重大的體悟。

做自己，不見得是做自己喜歡或擅長的事，
當可以面對和挑戰自己不習慣或不擅長的事，
背後往往隱藏著更大的祝福與禮物。

於是那個曾經躲在角落哭泣的害羞女孩，真正做好準備，可以充滿自信站上講臺，把她的經驗和智慧傳授給臺下的孩子。

◎堅定信念實現志業

人生是一道道的關卡。這是種抽象的比喻，但對某些行業來說，這也是職涯的現實。好比說，教師這個行業就是如此。

季嫻念師範學校的那個年代，臺灣的流浪教師問題已經浮現，包括少子化現象以及學校減班趨勢，都開始被討論。就連念書時，教授都語重心長的跟她們提醒，請她們做好心理準備，過去有一段很長的歲月，念師範學校就等於是找到長期飯票，但那樣的時代已經一去不復返了。

季嫻要經過兩關才能擔任老師。學校畢業後要先當一年的實習老師，合格後才具備教師證資格，但有資格不代表有學校可以任教，還要一個個縣市、一間間學校去參加考試，若順利通過第一關的筆試，還有第二關的面試和試教。

她後期的學弟妹就更辛苦了，當完實習老師還必須再考一次試才能拿到證書，拿到證書後再去全省各地學校考職缺，有的人考了五、六年還沒考上正式老師，多數只能勉強當代課老師，也就是所謂的流浪教師。

實習後的那年暑假，當最後一場戰役的成績公布時，她陷入了一段人生最低潮的時期。面對原本滿心期待的夢想頓時落空，開始懷疑自己是否適合當一位老師，落榜是否意味著老天爺要她轉換另一條人生跑道？她甚至開始去補習英文，準備公務員考試，不安的計畫人生第二條路、第三條路。

一通電話將季嫻拉回最熟悉也最喜愛的教學之路，電話那頭是實習學校的教學組長，詢問她是否有意願回學校代課。那一年代課老師的生活，讓初執教鞭的季嫻更真切感受到當一位老師的各種滋味，特別對象是青春期最難捉摸的國中生，時常讓她覺得又好氣又好笑。從學生寫給她的卡片中，肯定的回饋給了她滿滿的正面能量，但也曾面臨校長特別關心她的班級秩序，導師自作主張利用她的課堂時間安排考試，讓她覺得灰心挫折。現實生活中的老師這角色所面臨的酸甜苦辣，並不如她之前想像中的那麼美好，心中有很大的失落感，甚至懷疑是否該堅持這多年來的心願。

還好再怎麼遭遇挫折，季嫻內心的熱忱並沒有消滅，她還是想當老師，對她來講，這不只是謀生的職業，而是她從小就企盼的夢想，於是她勇敢面對挑戰，一年後再踏上競爭激烈的教師甄試，實現她的教育夢想。現在，她成為學生們最喜愛的童軍老師，一教就已將近十個寒暑。

回首看這一段有過徬徨迷惘、無助無奈的代課生涯，季嫻反而很感謝那一年的教甄失利，讓她有機會停下腳步，再次思索自己的人生方向。那一年也讓她深刻感受到家人、朋友滿滿的愛，並且有「師大公領系」這個堅強又團結的大家庭作為後盾，支持著她一直勇往直前。

一切的發生，都是最好的安排，
即使是當下認為挫敗難過的事，
也是上天最好的安排。

◎夢想之後還有夢想

人生是一條長長的山路，沿路有很多風景。當辛苦走到一個山峰，稍作休息後，要繼續往前邁進，那兒有更美的風景，還有新的山峰等著你。

種種的考驗，讓原本就想當老師的季嫻思考到更多的問題。從前，她想的是如何當一個好老師？現在，她更將視野拓展到，臺灣需要怎樣的教育？

而天性比較敏感的她，也察覺到整個社會的脈動，以及社會現象背後所隱藏的價值觀，究竟教育傳達給學生的是什麼樣的價值觀，而這樣的價值觀正確嗎？

成為老師後的季嫻，接著開始追求自己心中新的夢想，她想要對臺灣的教育制度有所貢獻。但身為一個沒什麼資源的女子，在實現夢想前，她還有很多事要做，首先，她必須要對臺灣的教育有更深的了解。

小時候，當季嫻還是那個愛一個人躲在角落的女孩，那時的她心中在想什麼呢？她想得可深呢！小小年紀的她就常在想「宇宙的奧祕」，她會思考人是怎樣來的？生命的緣起是什麼？如今，十幾二十年來，內心那個對宇宙好奇的小小季嫻仍在那裡，她仍繼續探索同樣的問題，生命到底是什麼？人的存在有何意義？

二〇〇九年，季嫻申請在職進修，她選擇去高雄師範大學念生命教育，這是她在研究全國各大研究所資料後所作的最終抉擇。季嫻說，其實這也算是老天爺最好的安排，讓她有機會來到高雄任教，因為事實上，在她大四那年就曾經想念這個系所，只是這個系所是在職班，必須要有工作經驗才能報考。此刻回過頭來，她又再次重拾書本，報考上生命教育研究所，開始了三年邊教書邊當學生的辛苦生活。

這段日子真的很辛苦，她幾乎沒有自己的休閒時間，學校的課業很重，要做很多作業，但也非常值得，因為這個科系就是在探討許多生命的大哉問，另外它也讓季嫻離心中另一個夢想更接近了。

臺灣的教育大致可分成兩大類別，一種是功利主義，重視比賽、考試、成績，教導學生將來入社會如何找工作，這也是當今的教育主流；另一種是體制外的另類教育，像是森林小學、各類實驗學校，強調愛、信任、全人教育，希望孩子可以快樂的學習成長，不被考試和成績給綑綁。

但有沒有兩者可以兼顧的模式呢？既可以讓孩童學到務實的學科知識，又可以快樂學習、激發學生創造力、更重視身心靈全面成長的教育方式。

這是季嫻一直在深思，也具體行動、積極學習的另一個追尋目標。

而心靈能量，是她的一個切入點。

◎看見不一樣的教育

現在的季嫻，一談起臺灣的教育，就可以侃侃而談，列舉出各種教育模式。她的研究所畢業論文，寫的就是其中一種另類學校的觀察。

大部分學生所做的碩士論文，都是以問卷調查統計報告，好比說針對一個主題設定議題，發出問卷，再回收統計分析後，作出一個研究結論。但季嫻不走這種研究路線，她選擇的是要花更多時間的實際訪談，實地深入的田野調查。研究的主題，來自一本書給她的靈感，裡面提及：「學校本身也有它自己的靈性，只是很少被人發現而已。」於是她論文的方向，就以臺灣稀有的靈性學校去做研究。

研究過程自然辛苦，因為臺灣靈性學校不多，事實上，絕大部分人聽都沒聽過這種學校。季嫻上網找到一所位在臺南大內區山上的靈性學校，那可不是很輕易坐火車就可到達的地方，而是必須開車到深山裡的一所學校。由於全臺少子化的效應，這所把靜坐跟瑜伽導入課程中、主力提升孩子靈性的學校，在季嫺到訪時，學生人數已驟降到「全校」只有十人。

為了研究報告，季嫺每周五要向學校請公假，開車上山，然後和這些學生們一起生活。在訪談的學生中，讓季嫺印象最深刻的就是校長的孩子，他從小就在父親創辦的靈性學校中成長，直到高中才就讀當地的普通高中。從訪談互動中，可以明顯感受到他不凡的氣質談吐，和超乎同年齡孩子的成熟心智，在班上因認真負責又熱心服務的個性，連續被同學票選當了三年的班長，高三那年更是以優秀的成績參加繁星計畫，申請上了臺灣大學。一般人可能會以孩子上臺大來表示教育的成功，但在季嫺的眼裡，孩子從小所受的教育，讓他擁有穩定成熟的內在，才是教育的成功之處，申請的科系是因瞭解自己、為自己而選擇的，也才是重點所在。

寫論文只是完成碩士學位的一個程序，但是對於各種教育方法的追尋，則是季嫺的長期任務。她廣泛研究臺灣各式各樣的學校。不僅親自去看這些學校的教育模式，也和相關的家長、學者請益這些教育理念。例如在臺灣有一定名氣的華德福教育體系，或結合阿南達瑪迦思維的教育。季嫺本身也參與靜坐冥想的相關課程，經常閱讀心靈類的書籍，透過在生活中實踐靜坐與冥想，讓自己真正昇華，體驗另一種與生命對話的境界。

對於國外的種種教育趨勢，季嫻自然也非常關心。例如她希望找一天親自去一趟南印度的曙光村，親身感受能幫助孩子自由發展天賦的課程，不被學校僵化形式所拘泥的教育環境，這裡的教育從幼兒園小班開始，就讓孩子學習靜心，從小練習和內在的自我對話，傾聽心裡的聲音。

曙光村的市中心是世界知名的靜心場域——黃金球，裡面有十二個靜心室，在每周二早上謝絕遊客參訪，僅開放給曙光村十歲以下的孩子，由成人帶領入內靜心，可見這裡的居民對於孩子們心靈能量的重視。

曙光村的目標是要成為一座世界之城，所有國家的民眾，都能超越一切信條、政治和國籍，在和平與和諧之中生活，進而讓曙光村成為一個真正實踐人類世界大同的精神家園。在這裡，每一個生活的面向，皆因向內探求而被探索和轉化。曙光村的城鎮規畫也很特別，採銀河式的螺旋設計，其中一區為國際區，旨在邀請各國以創意方式進駐，打造出深具各國文化、理念、對人類演化貢獻的文化館，在此可進行相關教育與文化活動，以此超越文化的衝突與分歧，促進相互融合與理解。

令人雀躍的是，有一群人正積極的讓臺灣館在曙光村中誕生，這是全印度第一個也是唯一一個臺灣文化展覽館，得知這消息的季嫻也加入了籌建臺灣館的志工行列，希望能盡己微薄之力，提升臺灣在國際舞臺的能見度，藉由曙光村國際化的元素，讓臺灣在國際舞臺得以發聲。

凡此種種都是季嫻仍在努力中的課題。

季嫻也坦言，前面還有好長一段路要走，她本身還年輕，沒有資金，也沒那麼多社會經歷。說要辦學校，別人可能覺得她有點好高騖遠。但可別忘了，季嫻曾經是一個連講話都害羞，更別談可以對眾人侃侃而談的人，如今她卻是個國中童軍老師，不僅每天都要站上講臺上課，還經常帶童軍團到校外進行各類活動。

也許將來某一天，我們再來看季嫻，那時的她有了全新的格局，就一點也不奇怪了。勇敢走自己的路，堅定自己的夢想，實現它，創造它。走在教育路上的季嫻，讓我們看到自我學習突破的力量。

舒季嫻的人生建議

- 障礙背後往往隱藏著美麗的風景，勇敢突破它吧！
- 決定一件重大的事情時，先不要直接用腦袋判斷優缺點，而是讓自己靜靜的與心靈貼近，試著去感受另一種聲音、另一種脈動，也許，最佳的答案就在自己心裡。
- 心中有堅定的想法，慢慢就會衍生出各種靈感，也許沒那麼快，可能需要好幾年才會出現新契機，但只要意念堅定、永不放棄，就可以找到屬於自己的路。

◆ 教育很重要，不只因為我是老師才這麼說，而是我真正感受教育是形塑一個人和這個社會的主要動脈。每一個人都有不一樣的個性和天賦，那麼教育也該有不一樣的特色和風景。

◆ 每一個人的成長歷程都是獨一無二的，面對孩子的成長，不要「比」也不要「急」，學習用孩子的步調，陪著他們一起慢活吧！

◆ 最美的教育願景，是孩子可以體會生活是由自己而創造，學習是件快樂的事。他們是為了自己而學，不再是為了父母或考試而學。藉由教育發現自己的才能天賦，讓身心靈同時成長，快樂自信的做自己。

◆ 如果您對於曙光村有興趣瞭解，對於臺灣館有意願幫忙，歡迎到「曙光村臺灣館」粉絲專頁獲取更多詳細資訊：https://www.facebook.com/Taiwanese.Pavilion.of.Auroville/

用影像與聲音，刻畫出一段段你我的動人故事

「當製作影片的時候，團隊成員問我，有必要做這麼好嗎？
反正有照教授要求的做到就好，不必把自己搞得太累。
但我當時就以組長身分堅持，每個環節都要盡全力做到最好。
交件截止前，整個團隊三天兩夜幾乎不眠不休的窩在剪輯室裡，
到那時，沒任何人抱怨，也沒有人想退縮。
當成品終於完成，後來在公開場合播放，
那時我覺得大家怎麼那麼安靜，一回頭，原來大家都已淚流滿面。」——李通聖

如果心中有一個夢想，也願意努力去從事，但卻總是遇見某些瓶頸，覺得再怎麼繼續奮鬥，也還是停留在某個既定的層次。

這時候你該怎麼辦？

是覺得自己江郎才盡，上天賦予的本領只到此為止？

還是持續硬撞，非要撞出個不一樣的結局？

也許，上面兩種方法都不是正確的。

自認為已江郎才盡，那樣太消極悲觀，輕易就讓自己退出原本可能亮麗發展的領域。持續硬撞也非良策，有句話說：「方法錯了，再做一百次、一千次也還是錯！」就如同有一道門明明是要橫著移動，你卻一直硬推，再怎麼努力也推不開門的。

那到底該怎麼做呢？也許讓心沉澱、轉換思維，就能找到方向。

曾經，李通聖只是個上不了臺面的業餘影視玩家，如今卻能創業並獲得業界肯定。他怎麼做到的呢？一路走來，他也經過許多的轉型成長。

◎楠梓的雜貨店家族事業

關於奮鬥的故事，李通聖非常熟悉，因為在他自己家裡，就上演著這樣的真實故事。

通聖的父親是高雄旗山人，生來就一副巧手，可以打造出精美的手工皮箱，在民國五、六〇年代，足以為自己謀一口飯吃。那年他來到楠梓地區奮鬥，在臺灣經濟逐步起飛的年代，那兒有更多的商機。也就是在那兒，他找到了終生伴侶，決定深耕立業，從此成為楠梓人，在那開了一間雜貨店，而通聖就出身在這樣的家庭。

談起做生意以及各種服務業的基本概念，通聖熟悉得很，他從小學時代就開始協助家人賣東西了。最早時候賣的是明星花露水、皮鞋、公事包，也賣鍋碗瓢盆，總之，各種生活用品都賣，可說是最傳統的大賣場。通聖在入學上數學課前，早已會和客人做加減乘除的買賣。當年當然沒有什麼換季、產業升級這類的術語，但通聖看著自己家開的店，就等於在看臺灣的產業轉型史。

從最早的大雜燴式賣場，後來逐步轉換面貌，基本原理很簡單，就是什麼東西賣相不好，就淘汰出局；什麼東西正在流行，就賣什麼商品。原本是偏五金雜貨性質的店，後來也配合學子及家庭主婦，有了文具及生活日用品。再之後因應臺灣經濟起飛，有更多家庭有預算做居家布置，於是他們開始賣家具。家具賣著賣著，時序來到近民國七〇年代，那時電腦革命已經興起，於是他們家成為高雄地區最早的電腦通路之一。從那時候到現代，如同電腦越來越蓬勃，周邊３Ｃ用品已形塑這個世界，他們家的賣場也越來越興旺，分店一家家的開，後來也因應時代趨勢，將連鎖通路定名為「欣亞數位」。直到今天，都經營得很成功。

這是欣亞電腦事業的成長史，也是通聖的成長背景。欣亞成長史，不代表李通聖的成長史，但在過程中，通聖學到很多。除了各種簡單的商業應對進退及基本商場規範外，對通聖來說，對他影響最大的，是父母的工作態度。

不同於許多中小企業的第二代，很多這樣的年輕人有種「小開」的心態。對通聖來說，他對做生意的基本態度認知，從來都沒有變過，那就是「認真、負責、誠實、信用」。這等同於他的另一種家訓，不論通聖後來求學或者發展自己職涯，他從來都沒有背棄這些原則。

他看著爸媽是怎樣不辭勞苦的，從早到晚為店的生意忙碌。即便後來轉型為電腦專賣店，家中的生計也還很辛苦，那時候媽媽除了顧店外，還得幫人家車帆布，協助家計，如此教養四個孩子成人。

電腦開始逐漸普及時，通聖還在念高中，每天下課後就擔任店裡的送貨員，他還記得當時是86型電腦。除了送貨，通聖也早已成為機器通，早年是修五金，接著是修電腦。那時買一部電腦也附贈一年保固，客戶一有問題就要到府服務，即便可能只是延長線插座沒插好，或者根本就是開關沒開這類的小問題，通聖也得騎車跑一趟。

這就是服務的精神，這樣的精神已經融入通聖的血液，成為他的工作基本態度。

◎什麼是自己真正的最愛？

通聖是個很孝順的孩子，他總是服從爸媽的指示，為「家中」的事業分勞解憂。但在他心中，他也想要有屬於「自己」的天空。

其實早在學生時代，通聖就已逐步嶄露某方面的天分，他的美勞作品總是獲得讚賞，他也覺得自己對於畫畫及創造新樣式這類的事，能讓他做得很開心。通聖小的時候還不流行「設計」這個詞，所以他也不知道自己當時就對設計有興趣。反正他在這類課程會特別用心，當別的孩子只是交差了事，他卻認真的把一個作品完成。

然而民國六、七〇年代，當時臺灣仍是屬於傳統的父權式家庭時代，爸爸的觀念也和大部分做父親的人一樣，他們栽培孩子，就是要孩子將來可以在社會上能夠謀生立足。包括音樂、繪畫還有工藝等，都是「不實用」的，所以家人不會鼓勵孩子朝這方面發展。

不能說父母的想法有錯，畢竟生活真的不容易，家中的生意也是辛苦打拚才能維持。至於「設計」在當年也還只是「美工」的同義字，一個人靠「畫畫」是難以在當時的社會謀得生計的。

通聖雖然內心有堅定意志，但他的個性卻總是溫和，對父母親尤其尊重。對於他的夢想，他從不採取抗爭的手段和家人對立，相反的，他選擇用心溝通。首先，他讓家人知道，不論他學什麼，都仍可繼續為家裡做出貢獻。再者，也許藝術這個行業也可以為家族事業添點分數。家人其實還是無法接受，李通聖想也許先去報考學校看看，到時候再來討論。只可惜他沒能如願考上美術學系，於是生涯抉擇的事暫告一段落，他得先去當兵。

其實就連通聖自己當年也還不清楚想走怎樣的路，只知道他對工藝藝術這個領域很有興趣，但這個領域該怎麼定位呢？甚至當年他也不懂，乃至於他大學聯考去報考的是美術學系，也就是傳統藝術的科系。

事實上，在進考場那天他就知道自己大概無法考上了，因為傳統藝術要考術科，包括水彩、國畫、炭筆、素描、書法等，那天通聖看見周遭的人怎麼都那麼專業，一點也不像學生，自己跟他們比起來，真的是上不了臺面。後來通聖才知道，大部分學生在參加考試前，都已經先在外頭的美術班補習過一陣子，只有他傻傻的，像個什麼狀況都不知道的小白兔，闖入這個競爭激烈的叢林裡。

所謂跌一次跤、學一次乖，通聖之後懂得不是自己「喜歡」就好，也要審時度勢，了解外在環境的需求。當兵三年期間，通聖也想了許多。過往他在家中事業幫忙或者送貨去客戶家，不論如何，都還是在他熟悉的領域。現在進了軍中這三教九流的環境，讓他認識更多形形色色的人，也在許多的溝通交流中，讓他做了很多自省。軍中生活像是另一所生命學院，讓通聖成熟不少。

而三年的時光，整個社會也有很大的變動。彼時「設計」已逐步成為顯學，教育體系裡也加入了更多設計相關的學院學系。

從軍中退伍後，通聖再次用心和家人溝通，但此時的通聖已經不是三年前那個對設計還一知半解的青年，如今的他更能清晰說出自己的想法，也知道這社會，包括自己家中的事業，也都需要設計這領域的專業。

於是爸爸終於同意了，通聖也正式報考學校，這回他學乖了，不是去報考傳統藝術科系，那不該是他的主力領域，他選擇的是設計學院，並從中選擇專攻視覺傳播。

二十四歲那年，通聖考上樹德科技視覺設計系，為他將來的事業，踏出打基礎的第一步。

◎不斷厚植築夢的養分

喜歡是一回事，能做出一番成績又是另一回事。

不可諱言，一開始的時候，通聖的影視作品真的上不了臺面。

這很正常，就算是如今名震四方的臺灣之光，不論是電影界的李安或麵包界的吳寶春，也都是從基層幹起，他們都曾有過不風光的歲月。

只不過，大部分人在覺得不風光的時候，選擇了放棄。

於是這世上少了一個原本可以成為大師的人，

也多了一個總是覺得人生有缺憾的人。

通聖的學習成長路，一開始也是不順的。

所有的技藝在學習過程都是不容易的，而影像攝影這個領域更是如此。原因在於影像不只要顧到許多技術層面的東西，最終還要結合精神層面的體悟。許多人專精於攝影機器，懂得許多艱澀的術語，但到頭來也只是個「工匠」，無法成為「師」。

原因就在於，手到但心沒有到。

然而，心是很抽象的東西，通聖在學習期間也摸索得很辛苦。

逐漸的，他發現問題的癥結在於他的「生活經驗」不夠。看過的世界太少，怎麼可能呈現出格局夠高的作品呢？於是有很長一段時間，通聖從事各式各樣的工作，看似不務正業，其實他正在「體驗人生」。

首先，自己家族從事電腦賣場生意，身為老闆的兒子，他一定要參與各種事業營運的事宜，透過與不同的客戶互動，汲取不同人的生活經驗。通聖從高中時代就在幫忙組裝電腦了，對於3C產品，包括電腦、辦公室影印設備、乃至於攝影機都非常熟悉。身為集團的第二代，通聖也不只是個基層員工，他也是公司的高階主管。多年後，爸爸退休，把家族事業轉給通聖的哥哥經營，通聖本身也身負重任。例如欣亞數位也是許多國際大品牌的代理通路，像SONY的專業攝影器材，多年來也交由欣亞數位負責臺灣經銷，而通聖就是這方面的重要窗口。這段期間，他經常南征北討，帶領公司團隊遠赴不同國家參展，以及參與國際會議。對外界來看，通聖就是個「欣亞人」。

如果是一般人，可能早就忘了自己的夢想。「設計，反正只是學生時代的一種興趣，這世界上有太多的人學非所用了，又怎會差我一個？」多半人可能就這樣想，逐步將自己融入忙碌的工作中，把夢想拋回過去。

但通聖從來沒有忘記自己的夢想。

他的每一個工作經驗，都是為了要獲取更多築夢的養分。

通聖時時刻刻都記著自己的事業不是在這，家中的事業有哥操持，他只是幫忙而已，有一天他一定要創立自己的事業。

所以即便在最忙碌的時刻，他仍持續透過各種方式精進自己的設計力。

除了在家族電腦事業幫忙外，為了提升自己的世界觀以及人生經驗值，通聖也刻意去從事許多不同行業的工作。

他曾去一家廣告公司當助理，薪水很少，工作卻不少。那是一家規模很小的地區性廣告公司，負責承攬插播廣告，起初通聖擔任業務助理，不久後因公司資金有限、人力精簡，他一個人要獨力負責很多事。包括影片所有後製，包括和在地的各個第四臺聯絡，連送交影帶也是自己一個人騎車到處分送。而這個工作經常是二十四小時待命，曾經在過年的歡樂時間，通聖接到電話說哪個帶子有問題，一通電話他就立刻得趕去第四臺取帶，帶回公司處理，然後再送交播映。

這個工作很苦，但卻讓他可以第一線熟悉很多廣告攝影領域作業的流程以及業界生態。此外，有段時間通聖也去經濟日報擔任記者，那時有個版面，包括文字及攝影都由他一手統包。記者工作讓他跑過許多地方，也對媒體運作有更多認識。他還曾去美語補習班擔任業務，這也是視野拓展的一種方式。

種種的學習，種種的歷練，讓通聖朝創業之路一步步邁進。

◎從專業技藝，到用心看世界

通聖終於創業了。

二〇一〇年，他創立了自己的工作室：「35F2 Works」，二〇一四年更正式設立公司。

創業當然是辛苦的，一個人要身兼業務及執行，經常白天要參與許多新客戶的接洽，回來還要寫企畫案，承接到案子還要沒日沒夜的製作，以及不斷與客戶溝通。

由於過往他長年參與公益事業，協助過董氏基金會等單位，以無酬或低酬的形式做了很多影像方面的工作，後來也因緣際會在這樣的場合，認識了一些廣告公司，建立了許多人脈。

終於有一家大型廣告公司，負責製作高雄市政府勞工局的廣宣，他們試著把影片交給通聖的公司承接。而通聖沒有辜負這個機會，秉持著認真負責的基本精神，他很用心的做好每個環節，如果有哪裡不滿意，他寧願重作，也不要蒙混了事。他的用心化成了讓長官滿意的成品，而今他拍攝的影片可以在捷運公車上、大樓的ＬＥＤ牆，還有許多的媒體被看見。

有了一次的實績，就有更多籌碼談更多機會，通聖於是建立了更多的「實績」。過程當然是辛苦的，但這是通聖喜歡的工作，是他的夢想實現。他用苦幹實幹的精神，用心執行每一次的專案，兩、三年間瘋狂接了超過百對的個人、雙人或群體拍攝。

執行過百對新人的結婚影像紀實及婚紗製作，紮紮實實累積豐富的服務經驗，並為每一個執行注入設計的元素。通聖的工作態度不是完成作品就好，他一定要追求最好的，就算客戶也許看不出差別，他也不輕易降低標準。為了帶給每個接觸過的客戶珍貴的時刻，常常東奔西跑也日夜顛倒，但他始終相信，唯有全力以赴、細膩的規畫與執行，追求完美的作品，才能帶給眾人深刻的體驗，因為每個美麗的片刻，都可能稍縱即逝。人生有時很難重來，認真努力並腳踏實的走每一步，保持對專業的熱情，也為自己創造出不同的人生故事。

但即便如此，通聖還是覺得他碰到了一個瓶頸。

不論再怎麼努力，他總是覺得還是停在某一個層次，無法再更上一層樓。

他非常不服輸，把全部的影片都檢視過一次，到底哪裡還可以加強的？也經常和客戶及同業交流，影片如何可以更精進？怎樣才可以有新的突破？

然而，廢寢忘食、努力不懈卻不代表可以找到突破瓶頸的方式，這讓通聖深深苦惱著。

直到一次因緣際會，通聖參與了一場講習活動，他才得到了頓悟。

由於那年工作成績獲得肯定，通聖有機會承接更多的政府委託專案，其中有一個專案是要教導庇護工場的志工，輔導他們學習影片製作。希望他們可以透過這樣的技藝，將來製作微電影，為自己做網路行銷。

說實在話，初始的時候，通聖自己內心也覺得這是不可能的任務，這群學生多半都是弱勢族群，連一般人都學不好的影片製作專業，這些人怎可能學得好？

實際教學時，他發現問題還要更多。不只是先天上，弱勢族群學東西會比一般人辛苦，而且因為資源有限，他們所使用的工具也都很克難，包括最低階的相機、攝影機，還有尚未升級的舊款電腦。光用這種老電腦要來跑影片後製，就是件耗時費事、經常會當機令人頭痛的工作。

但學員都不喊苦了，作為老師，通聖也只好盡力去教。他必須在有限的兩個月期間內，教會這群來自十幾個庇護工場的學員，之後還要舉辦比賽，每個庇護工場都要有作品參賽，最後還要輔導他們將影片上傳做網路行銷。

結果，這群學生讓通聖驚訝了，甚至令通聖感動到落淚。

即便學習的過程不容易，這群學生卻從不放棄，再苦也一步一步照老師吩咐的做。機器跑不動，要跑到半夜，學生們也就真的熬夜到天明，經常通聖要到清晨才收到學生的作品。而在午夜時段，也持續收到學生用 LINE 提問，通聖也會立刻為他們解惑。

就這樣，雖然過程比一般人艱辛，用克難的工具完成專業作品，但學生們一一克服且完成了。到後來頒獎的時候，學生和老師們都哭成一團。

真的是太神奇了，例如一個聽障者，他無法一次到位將聲音做最佳融合，於是不斷嘗試，用時間換取效果，做出來的影片雖然沒得獎，但所有人都一致同意要頒給他最佳鼓勵獎；還有咖啡店的員工，細心的將影片融入配樂，還有文字詮釋，成品連通聖都覺得有廣告公司的水準。

一個又一個驚嘆，讓通聖的心寬了，視野寬了，世界也拓寬了。

原來，以往的通聖自以為非常努力，但他還是畫地自限了。在每個我們以為不可能的地方，卻往往有新的驚喜在裡面。

這次的經驗，讓通聖學到：

如果有機會，

我們真的可以挖掘出好多人不同的潛能特質，
每個人都是一個深不可測的世界。

這次的經驗，更讓通聖突破了一直以來的瓶頸。原來，他過往只將焦點放在「技術」，卻沒有將焦點放在「人」身上。

他深深察覺，每個人都像個需要被發掘的寶藏，當我們用挖寶的心珍視每個人生片刻，這樣的感動力若可以融入影片裡，那效果就會不同凡響。

而今，通聖的事業也逐步開展出自己的路。

他坦言，公司創立至今不過三年，未來還有很大的學習發展空間。但相信秉持著他對設計的熱愛以及認真的態度，他的創業夢想，格局將越來越大。

李通聖的人生建議

◆ 不論你的夢想是什麼？溝通很重要。你的成品若民眾看不懂，那你只是孤芳自賞。

你的事業若家人始終不贊同，那你就永遠孤單。

夢想是要爭取來的，但爭取不是靠蠻橫強要，而是用心溝通。

◆我覺得每個人一定都有自己的夢想，只不過為了現實生活，許多人的夢想後來就只是夢想。我不是一味的要大家不顧一切追夢，那樣也不切實際。但我要提醒大家，人生只有一次，若我們可以用這輩子專注一件事，認真去做，最後不管成功失敗，那勇敢追求的過程，是任何其他事都不能取代的成就與滿足。

◆我本身是從事設計的，我想要定義我心中的設計。當我們設計一個東西或一個形象，最終是可以跟看到的人做溝通的。許多時候，我看到設計人作品很精緻，但缺少靈魂。

為什麼呢？好比說婚禮攝影好了，一個婚攝經驗久了，所有工作都變成SOP了，他駕輕就熟。但如果每次的影片都同一個模子，這樣也許客戶看不出來，但你對得起自己嗎？這就是設計人的思維。

我經常為了拍一部影片，去思考背後的意義，包括客戶的背景、他們特別的喜好，我總去設想，還可以添加什麼元素，讓影片變得不一樣。

◆我花了更多工夫，但我不會因此獲得更多報酬，客戶滿意的微笑，就是我最大的報酬。

做自己的勇氣 15 個「做自己」的挑戰與突破故事

主　　編／趙祺翔
副 主 編／車姵馠
編輯企畫與統籌／黃聰濱、廖宇潔
美 術 編 輯／孤獨船長工作室
責 任 編 輯／許典春
企畫選書人／賈俊國

總　編　輯／賈俊國
副 總 編 輯／蘇士尹
資 深 主 編／吳岱珍
編　　輯／高懿萩
行 銷 企 畫／張莉滎・廖可筠 ・ 蕭羽猜

發 行 人／何飛鵬
出　　版／布克文化出版事業部
臺北市中山區民生東路二段 141 號 8 樓
電話：(02)2500-7008 傳真：(02)2502-7676
Email：sbooker.service@cite.com.tw
發　　行／英屬蓋曼群島商家庭傳媒股份有限公司城邦分公司
臺北市中山區民生東路二段 141 號 2 樓
書虫客服服務專線：(02)2500-7718；2500-7719
24 小時傳真專線：(02)2500-1990；2500-1991
劃撥帳號：19863813；戶名：書虫股份有限公司
讀者服務信箱：service@readingclub.com.tw
香港發行所／城邦（香港）出版集團有限公司
香港灣仔駱克道 193 號東超商業中心 1 樓
電話：+852-2508-6231 傳真：+852-2578-9337
Email：hkcite@biznetvigator.com
馬新發行所／城邦（馬新）出版集團 Cité (M) Sdn. Bhd.
41, Jalan Radin Anum, Bandar Baru Sri Petaling,
57000 Kuala Lumpur, Malaysia
電話：+603- 9057-8822 傳真：+603- 9057-6622
Email：cite@cite.com.my
印　　刷／卡樂彩色製版印刷有限公司
初　　版／2017 年（民 106）03 月
售　　價／300 元
I S B N／978-986-94281-9-4

城邦讀書花園 布克文化
www.cite.com.tw WWW.SBOOKER.COM.TW